言論

（第一集）

被「歌頌」千年的傳統遺毒，從根本上挖掘中國的爛瘡

▶ 一女子具備專門學識和經濟獨立，就享有婚姻和為人的自由
▶ 有情人終成眷屬不僅憑藉真心，還得配備與傳統抗衡的勇氣
▶ 表面再如何新潮開明，也掩蓋不了迂腐內在散發的酸臭言行

鄒韜奮——著

中華民國成立之初，眾人面對新時代無不歡欣雀躍，
然而累積千年的民族弊端，又豈是短期內可以消除的——

目錄

目錄

預告讀者的幾句話

（一）讀者諸君在這本書裡尋不到什麼專門學術，也尋不到什麼高深主義，不過尋得一個很平凡的朋友作很平凡的談話而已。我恐怕諸君失望，所以首先老實聲明。

（二）《生活》最近注重「啟迪理智能力，增富知識見聞」。這本書的希望也不外乎此；但深愧力拙望奢，倘能由此引起諸君運用思考，增加研究興趣，區區心願已算達到了。

（三）這本書的內容是從十七年底到廿年上半年末了兩年半間的《生活》週刊「小言論」裡選編的。

韜奮。二十，九，五。

一位不嫁的女書記官

有一天在下看見《時事新報》館的同事蔣介民君的辦公室裡來了一位女賓，身上穿了一套灰色中山裝，頭上披著短髮，初看上去似乎是一位男賓，聽了她的清脆的聲音，才知道「他」是「她」，不是「他」。我聽她高談闊論，口若懸河，就知道她不是一位平凡的女子。後來她走了之後，我為好奇心所動，就問蔣君她是怎樣的一位「她」。

據蔣君告訴說，她是上海法科大學的畢業生，現任南京特別刑事法庭的書記官，和他是同級的學友。蔣君又說，她自在學校裡起，向來就不願講戀愛，要終身從事於法律事業。她在學校的時候，有一位敬慕她的男友，硬要和她講戀愛，跟來跟去，跟個不休！她不勝其煩，老實對他說她是不講戀愛的，但他仍繼續實行他的「緊跟」主義，後來她把她的妹子介紹給他，嫁了他，才告一段落。

蔣君和我談的時候，適館中另一同事余瑞生君也在旁。這位余老先生靜悄悄的聽著，聽完之後斜著嘴開玩笑的對蔣君說道：「不嫁！像你老蔣的『照會』，誰要嫁給你！現在未曾找到意中人當然不嫁，等到有了意中人便嫁了！不嫁！」

我們以為得到願嫁的人就嫁，未得到願嫁的人就不嫁，倒也是很正當的態度。不過要能自立，才能如此自由。

嫁不嫁是個人自由的事情。一個女子自動的不嫁，用不著旁人反對；不過我以為「嫁」是「常道也」，「不嫁」不足為訓，所以我們對於「不嫁」主義也不願意提倡。我們所要特別喚起注意的，是這位女士有了專門的學識，有了獨立經濟能力，（聽說她現在月薪一百四十元，當然可以自顧了。）便不難有她的自由，嫁不嫁倒似乎不是我們所要注意的事情。

「美國大城中女子，大半在二十二歲以外出嫁。在未嫁之前，十六歲以上，除在校求學者，可說完全都在外做事。大約十六歲以上的女子，個人經濟無一不獨立。」（詳見本刊三卷四十五期翁女士的《美國的女子》。）我們以為美國女子的婚姻比較的自由，做人比較的自由，其重要樞紐也就在此。

醋味深重

有某君在上海開了一家關於藝術的公司，聲譽鵲起，營業興隆。他自己是一位括括叫的新人物，有了一位括括叫的新式夫人。不過他的那位夫人，人物雖新，「醋味深重」！他的公司裡請了一位括括叫的女書記，很賢慧盡職，但是「芳齡」比那位夫人小些，「照會」也似乎比那位夫人好些，某君雖是一位英姿飄爽的男兒，但是做人卻很正派，對於那位女書記的態度也很正當，不過他的夫人仍放心不下，平日固然天天到公司裡來「監視」，最近愈覺「驚心吊膽」，竟強迫她的丈夫把那位女書記無故解職。最初某君以此議毫無理由，不許，後來因為不勝其「聒聒」，只得忍痛執行「閫令」，於是那位賢慧盡職的女書記不得不無辜失業了！真可以嘆一句「冤哉枉也」！尋常的訃聞，一開首常看見「罪孽深重，禍延……」；在此處也許可以說「醋味深重，禍延某女士無辜解職……」。

有一夜，記者應友人之約，在上海銀行俱樂部宴聚，無意中談起這件不平的事情，座中有一位現任某銀行儲蓄部主任的袁君，他說他的辦公室倒用得著，問我能否介紹上面所說的那位女書記，我說倒有點認得，倘真有意，願為介紹。當時袁君的老弟也在座，他聞言之下，即悚然警告他的阿兄說道：「你不要心花怒放，恐怕給嫂嫂聽見了不免有問題罷！」袁君雖嘴裡尚在「繃場面」的強自辯護，但是記者仔細看去，他似乎「面有難色」！這種地方也很可以看出「醋味」作用的利害！

我們在美國的電影裡，常可看見經理的夫人嚴防她丈夫對於女書記的情形，形容妙到秋毫巔，使人捧腹不置。可見就在西洋女子職業比較發達的地方，做「夫人」的對此事也不免有「戒心」的，在我國更不消說了。

不過我卻有一句「忠告」的話，以為男子如果是好的，品性靠得住的，做夫人的這種「戒心」似可不必有。若男子的品性確是靠不住的，就是他的辦公室裡沒有他「瞎來」的機會，難道他不能到外面去「瞎來」嗎？

以後誰娶黃女士的便是hero

在上兩期的本刊裡面有一篇文字，題目叫做〈我們憐惜黃慧如女士〉，舉出種種事實證明兩點：（一）陸根榮不懂戀愛不配戀愛（並不是因為他是茶房）；（二）黃女士不過一時受他的欺騙誘惑，並非真正覺得他可愛。最近吳農花君親往蘇州吳塔鄉間探訪黃女士，見女士布衣布鞋，豐度娟秀端雅，擁小貓坐於門外矮凳上。據她告訴吳君說，她和陸根榮實無愛情可言，陸亦不是可與言愛的人，唯自引起法律問題後，陸因此吃官司，她良心上殊覺不安。於此更可見黃女士已覺悟受陸之騙，不過不願陸之因她而入囹圄，所以願以身護。吳君問她此後方針及分娩後的行止，她說絕不再與陸根榮相處，但亦不再嫁人，當獨身以終，並說分娩後即將來滬，擬再入校求學。

我們認黃女士是好女子，她一時的不幸受欺是不良的家庭環境和社會環境有意促成的。這層意思，我們在憐惜她的那篇文裡講得很清楚，此處不再多說，在下此時腦際所縈迴的是此後安得一個多情多義配得上黃女士戀愛的男子，挺身出來愛她護她娶她救她，安慰她的一生！倘有這樣的一個多情多義的男子，真是英文裡所謂hero!（此字原可譯為「英雄」，但是此二字傳不出原字的妙處，英文愛情劇中所謂hero，有不顧一切而護衛其愛人的可歌可泣的精神。）

我們憐惜黃女士的不幸，常聯想到電影名片《賴婚》中的安娜（Anna）。這個名片原名 *Way Down East*，在下連看三次，還津津有餘味，想諸君看過的人一定不少。我們試想其中那位可愛的安娜女士，受了一個淫棍的欺騙，失身於他，養了一個私生子，後來覺悟受欺，竟為房東老太婆及社會上人所不容，零丁孤苦，悲不自勝，到一個鄉村人家去幫傭，被那家主人的一個英俊可愛的兒子德維（David）所愛，雖有一位多嘴老太婆說破她的前史，德維竟始終真切的愛她，雖趕到垂岩危瀑去冒死救她，亦所不顧。有情人終成眷屬，是何等令人快心的事！昔人稱趙子龍全身都是膽，這種事非全身都是俠情摯愛勇敢的人不敢做，不配做！

我們十分憐惜黃女士，希望有德維其人者出來做 hero！

將來黃女士來滬入校就學的時候，我們尤希望明理的教育家能誠懇的容納她，不要裝出假道學的面孔來！

發了一夜的財

上海每年總有許多人購買香檳票（即跑馬票），希望得頭彩，發橫財。今年上海有劉某和他的朋友合買一張，有一天夜裡將睡的時候，跑馬廳裡有一個向來認識他的小馬夫，異常高興的奔到他的家裡告訴他一個喜信，說是他中了頭彩了！中頭彩的本可得到二十二萬四千元，他就和那位合買的朋友對分，也可分得十一萬二千元，於是他那一夜竟弄得達旦不寐！為什麼呢？他想忽然得了十一萬二千元，怎麼辦好呢？存入銀行裡好呢？還是存入錢莊裡好？分開來存好呢？還是一齊存在一處好？做什麼生意好呢？還是先造一所洋房好？他這樣瞎轉了一夜的念頭，雖然得了一個喜信，卻先吃了一夜的苦頭！還不止此！第二天早晨，他心花怒放的便往跑馬廳裡跑，不料調查之後，才知道他所買的號碼比所開的頭彩號碼相差了一個數目字，那個小馬夫在前一晚一時未曾聽得清楚，以為先報一個喜信，將來也許有什麼特賞，匆匆忙忙的很鹵莽的報了一下，弄得這位劉家仁兄好像只發了一夜的財，一文錢沒有到手，所贏得的卻是一夜沒有睡，翻來覆去的想個不休！結果想了一場空！真是上海人所謂「觸眉頭」！

其實人生數十年，也未嘗不可作一夜觀。發了一夜的財——而且還是有名無實的財！已經如許苦忙了一夜，即發了數十年的財，更要如何的苦忙！

或者有人說：「你是個窮措大，樂得作此解嘲語罷了！」但是我卻不是因為自己做了窮措大，有意唱高調，卻是有感於一班人死命的弄錢，其下焉者更昧著良心幹！一旦瞑目，究能帶去多少？徒給不肖的子孫去無惡不作，遺臭當世。替一個機關做「帳房先生」還說是服務社會；這樣的做了一世的「帳房」，反替社會多種孽因，何苦來！

我們以為昧著良心幹的錢當然要不得，就是用正當方法賺到的錢，除自給相當的生活及子女的教育費外，應多為社會設想，盡自己的力量多做一些有益於人群的事情，不要情願加入「守財奴」的隊裡去！不然，發了一夜的財誠然沒有什麼意思，就是發了幾十年的財，又有什麼意思？

柏林大學找不出這位博士

我並不輕視博士，而且很敬重博士，因為在我的好朋友裡面有許多得著博士銜頭的，實在是對於他們的專門學術很有研究很有心得的。但是我有時卻不自禁的討厭博士，因為在社會上常常遇著名不符實的博士，他自己把眼睛擱在額骨上，好像看不見人，我們看了他那副尊容，已經不要看！試探其實際，眼睛生在額骨上看不見人的人，肚子裡偏是一把草，成了「茅塞博士」！如今好了！最近首都發生了一件奇事，出現了一個「冒牌博士」，不要說名不符實，連名都是假的！

有某君者往德國去學醫，回國之後，對人說他得了德國柏林大學的醫學博士，眾人也就不加深察，聽其「博」而「博」之，他不久便得了一個位置，每月有六百元的「博」薪，不幸遇著他的一位同鄉，卻是德國柏林大學醫科的真博士，知道這位領「博」薪的是假博士，氣憤填膺，到他那裡去大鬧，赤裸裸的抉發他的隱私，事為某要人所聞，他其先還不信，說別的可假，博士有什麼假的！便立刻打一個電報到德國柏林大學去詢問，回電說柏林大學找不出這位博士，不過在專科畢業生裡有他的名字。其實「專科畢業生」也「嘸啥」，卻因為做了虛偽的勾當，反而弄得這樣尷尬！連「薄薪」都領不著了！

天下虛偽的事情遲早總要拆穿的，所以俗語有句話說，「若欲人不知，先須己莫為」，作偽的人看透了這一點，也許要「廢然知返歟」！

講到學位的「博士」，在英文原為 Doctor，它的原義是「精巧於某專業或某專門知識的人」。（One skilled in a profession or a branch of knowledge.）咱們中國的學問，本來也有「由博而約」的說素，這個地方的「約」也就是「專」的意思，所以顧名思義，似乎可以把「舶來品」的 Doctor 譯為「約士」，或「專士」，如今譯為「博士」，「博士」在中國本是官名，在秦朝始有，據說是「掌通古今」的，這個名詞使人見了，便以為是博古通今無所不能了，在真有學問的「博士」固然不至以此名詞自滿，而在淺見者流，便要弄出「柏林大學找不出這位博士」的怪劇了！

「名者實之賓也」，名過於實已經可恥，既無實而所謂名者又是冒牌的，更糟！

同德國的蹺腳老太婆賽走

據友人俞頌華君告訴我說，湯爾和君從前有一次旅行到了德國，在留德中國學生會演講，說他遊歷各處所得的感想，他覺得在體育方面，相比之下，中國人實在很慚愧，實在有積極提倡增進國民體育之必要。他說不要說別的，就是走路一件事，也趕不上！他舉出一件關於他自身的有趣事情，說他在中國的時候，總是坐車，兩條腿幾乎養成惰性，走不動路，到了外國走走，已經覺得好得多了！在德國有一天在街上走，看見前面一個德國老太婆走路走得那樣快，他便打起勁兒，在後面跟上去走，竟有趕不上之勢！後來盡力的趕上去，自己已覺氣喘，那位走快步的老太婆卻泰然若無其事，再仔細一看，那位走快步的老太婆還是蹺了腳的！還是一位跛足的老太婆！他只有覺得慚愧而已！

說到走路，我國向來最重視做官，做官的人最重排架子，而在排架子的許多方法裡面，彎著背脊梁踱方步也是最重要的一件！好像他的方步非如此大踱而特踱，不足以表示他是閒暇階級中人，不足以表示他的身分之特高！至於稱為「讀書人」的，他們的目的也在做官，所以對於做官所需要的彎著背脊梁踱方步，當然也須有一番準備，於是也就養成了這種習慣。一般平民羨慕做官，羨慕「讀書人」，於是大家對於走路也就養成了「鴨步」的特色！

我們不要以為走幾步路是形式上的事情，挺著胸走整齊緊湊的步子，於體格的健康上是很有益處的；彎著背脊梁踱方步，於體格的健康上是很有害處的。等到體格糟了，胸愈挺不起來，腳步愈整齊緊湊不起來，於是背脊梁彎得更利害，方步也踱得更利害，相為因果，循環不絕，只有讓德國的蹺腳老太婆爭先了！

我國人走路，除趦趄不前的方步外，倘若不止一人在一起走，還有一個特色，便是亂步：他們從不肯排成一列或幾列，整齊步伐的向前走，卻喜歡前前後後左左右右，亂七八糟的弄成一堆，好像步武群鴨的後塵！

還有女子的走路，更有許多遠不及男子的，她們不但是踱方步，而且是踱小方步，所以陪她們走的男子，沒有資格並排走，不是在前面做開路先鋒，便須有意走得慢些在後面做跟班，就是勉強並排走，也是急得要死。所以我常說能好好的走幾步路，已經是不可多得的女子！

在下絕不是看不起本國人，卻是覺得就是像走路這一件小事，也大有改良的必要，這不僅有關於一般國民的健康體格，於國民的新精神，以及對外的體面，也都有關係的。

門房代理校長

最近在下遇著一位老朋友，他是剛到內地某縣省立某中學做了半年的新校長，寒假中才回到上海來看看親友的。他和我談起那個中學半年以前的情形，真是增長了我不少的知識！

據說從前那個中學的校長，是由身在省會的一位政客遙領的，所以學校裡實際上本無所謂校長。至於教職員呢，沒有一個不是鴉片同志，雀戰大王，除此兩事以外，一切不問。他們這樣高明，怎樣能夠拿書本上課呢？這個地方不得不謝謝那些寬洪大量的學生。那個學校裡的學生居然有三百餘人，約可分為四等人物：第一等是只在校裡吃飯，一年到底不上課堂的；第二等是到課堂裡勉坐片刻，等教員點完了名就溜的；第三等是坐到一半時間堂而皇之的退出的；第四等是在學生方面看起來算是十足的「阿木林」，而在學校當局看起來算是再好沒有的，是照上課時間始終坐在課堂裡看小說！所以做教員的儘管多多請假，高興的時候命駕來瞎三話四一番，沒有人和他計較的，因為並沒有一個人在那裡聽他說些什麼！教員匆匆下了課，歸心如箭的出校去幹他們的「黑化」和「碰！」的要事。有一位新來的教黨義的教員，還不知道學生們的寬洪大量，因為自己對「三民主義」的內容弄不清楚，怕上課，十課就有九課請假，只要他的小舅子生了一個兒子，他的阿姊死了一個小叔，都是他請假的好機會!上課以後的時間，便是上面所說的四等人物「造反」的時間，可以鬧得天翻地覆，無奇不有。這個時候，校裡教職員都早如鳥獸散，其先還有一位庶務先生，後來因為實在對付不了，也溜之大吉，全校除學生外，只剩下一個門房裡的茶房，於是門房就等於代理了校長!無論什麼人如有事和這個學校接頭，只有向這位代理校長的茶博士說話!

那個學校九年沒有考試過，無論大考小考都沒有，能否畢業，不問成績，只問在校裡吃滿了幾年飯!

這樣造成的人材對於國家社會當然有不可思議的大貢獻!有一位朋友說，你不要這樣少見多怪，內地這樣好的學校恐怕不少啊。我聽了更不禁為我國教育前途慶幸!我們常聽見人說中國辦了三十餘年的新教育，有什麼成績?他們獨不想，像這樣的成績，世界萬國，有那一國的學校造得出?及得到?還說沒有成績，未免太奢望了。

我那位朋友去接手的時候，帶了六位很認真的教員，不到一個月，校裡原有的教員大貼布告，痛斥這是「文化侵略」，可是學生看見新教員教得好，並不受他們的煽惑。我那位朋友首先恢復考試，學生說只要教員能教我們懂得，考試也無妨。現在該校已漸漸的上軌道了。這樣看來，辦學的人不要只怪青年，自己先要拿點「顏色」出來。

潘老太太與中醫

中央衛生委員會於二月間通過關於中醫的議決案，中有禁止舊醫學校及取締宣傳品與登報介紹舊醫學等項。於是引起轟動一時的全國中醫藥團體代表大會。

聽說中醫藥材的出產每年達九千二百餘萬元，生計的關係牽及四百八十餘萬人，僅就上海一埠而論，中醫有二千人，藥鋪有三百家，每日所配的藥方平均總在一萬張左右。這也可算是一個很大的社會問題，似有審慎考慮的必要。

我國往往有人看了幾本不求甚解的醫書，就膽敢開方醫病，在他們腕下冤死的人真是不可勝數，這便是所謂「庸醫殺人」。但是我們不能因為痛恨「庸醫」而遽斷中醫絕對沒有好的，更不能因此遽斷中國醫術絕對無存在的價值。中醫確應有積極改良的地方，卻不應不分皂白的「禁止」。即如「舊醫學校」，加以考查，繩以標準，然後分別決定存廢則可，一概抹煞的「禁止」，則於理似有未當。

我個人偶有疾病雖向來請教西醫，但平心而論，除了「殺人」的「庸醫」之外，中西醫卻各有所長。這類事例當然很多，我現在僅提出一位老太太來談談。

《時事新報》總經理潘公弼君的祖老太太今年八十三歲了，精神矍鑠，健適逾恆，但據潘君自己告訴我，她在七十三歲的時候，腹上生了一個如碗大的瘤，作痛殊甚，全家惶恐，潘君送她到上海一個很有名的西醫醫院裡去，一面自己仍到報館裡去辦事。一會兒接到醫院裡的電話，說這位老太太無救。潘驚嚇之餘，趕到醫院一問，據西醫說這種病非開刀不可，而這樣大的年紀又受不住開刀，所以無救。潘君問他無救便怎樣，他說無救只好讓它潰爛，等到一個肚子爛完，人就隨之完結罷了！潘君只得把他的祖老太太送回家，以西醫既經拒絕，姑請中醫一試，就從他的家鄉嘉定請了一位著名中醫朱舜初來看，由嘉定請到上海僅費大洋四塊，在當時內地已算是很闊的了。他來後僅用手一摸，便說這個病可以醫得好的，可是恐怕永遠不能閉口。潘家聽他說醫得好，也就唯命是聽。他拿出幾把像扦腳用的小刀來，潘君看上去卻似乎不大乾淨，自告奮勇去做他的助手，用火酒大擦一番。那位朱醫生拿著一把小扦刀在瘤上中央插進去，有三四寸之深，病者並不覺苦痛。他把刀抽出之後，用小繩把藥從所開的小洞洞裡扭進去，然後外面用一帖小膏藥一貼，就此完事。第二天那個如碗大的瘤竟消了。隨後他代為換藥三四次，說好了，不必再看了。後來那個小如針孔的洞洞果然十年未收口，常流出一點兒黃水，於她老人家卻並沒有什麼妨礙，到了十年，連水都沒有了。現在這位潘老太太尚健在，可惜那位朱醫生已「歸道山」了。如果當時沒有了他，一個肚子不知道能否經得住爛到現在！

但是我又想，就是這件事，也未嘗無改良的餘地，例如那樣小扦刀，如不經過火酒的消毒，誰保得定不會弄點別的微生蟲到肚子裡去作起怪來？

這位「跑腿」同志說得傷心

老友劉湛恩君定於三月二十九日由上海乘輪放洋，擬先赴美國之世界教育會議，嗣往美國各地及歐洲宣傳中國建設的近況。他的許多朋友特於三月二十四日假上海大中華酒樓替他餞行，預祝他為國努力，並帶些有益國人的好東西回來。

他談起在國內彼此橫豎是自家人，把國事的混亂看得慣了，常是麻木不覺得怎樣難堪，一出了國門，便相形見絀，處處受著重大的刺激，實在難過。講到歐美人士對於中國的情形本來就很隔膜。前年他到法國的時候，有一位法國人看見他，問他是不是菲律賓人，據劉君告訴我們說，也許因為他的面孔生得黑些，被那位法國朋友誤認了，但他以菲律賓是美國的屬地，心裡很不高興，回他一個「不」字。那位法國人說，「那末你是不是高麗人？」高麗更比不上菲律賓，他的答語當然又是一個「不」字。那位法國仁兄自以為很有把握的樣子，說「你一定是一個日本人」。劉至此乃告訴他說他是中華民國的一個國民。他不相信，劉問他何以不相信，他指著附近蹲著吸煙的一個華工，蓬髮垢面，衣履骯髒，說這才是中國人！照這類法國人看起來，這就是中國人的代表！至於美國，因為大多數在美華僑是開「雜碎」菜館和洗衣作的，有許多人也以為中國人都是這樣，近來這種誤解雖好了一些，但仍未能全無。這樣看來，國際宣傳當然是很重要的。劉君講到這裡，不免覺得難過起來，他說在外「跑腿」為國宣傳，固是他所願盡力的，但是要國內爭氣，不要再瞎鬧，在外「跑腿」的人才開得口說得出話。他前年赴歐美，正是北伐的時候，許多外人都說中國赤化了，說中國打了十幾年所為何事，他就搬出「打倒軍閥」，「打倒帝國主義」等等理由來拚命的說明，尚能自覺理直氣壯；現在中國號稱統一未久，倘若又有什麼不幸的事發生，外人問起，做中國人的當然不能推說不知道，如說知道，又有什麼理直氣壯的理由可說？所以他未出國門，精神上已覺得十分痛苦。

他說不要到歐美，就是經過日本看看，已經使人氣得要死，你看日本那樣小的一個國度，弄得那樣有條有理，我們中國為什麼亂七八糟的一直弄不好！

我們聽了這位「跑腿」同志的傷心語，同時記起戈公振君去年十二月十四日剛由歐洲回國後喚醒國人的幾句話，他說：「凡在中國有特別權利的國家，均唯恐中國不亂。」又說：「世界大局難抱樂觀。巴爾幹大戰餘毒已在醞釀，義大利泛系黨首領墨索里尼又在躍躍欲試，猜忌已達極點，一方面美國擴充海軍，日本又不放棄大陸主義，均為世界和平前途障礙。不幸世界大戰發生，中國不僅不能置身事外，或且為大戰中重要角色，故中國最宜乘此世界苟安時期，鞏固內部，生聚教訓，如關係國防之海陸軍，關係民生之糧食，關係運輸之交通，關係製造之科學等等，均須竭力研究，此為立國根本，不容漠視。」

我國處此竟存激烈之世，趕緊把眼光放到國外去，還怕來不及；趕緊拿出良心來建設，還怕趕不上！就是國人裡面有只顧自私自利的，我們即撇開道德，只講功利，也要垂泣以道的勸他們略為放大些眼光，略務其遠者大者，不要把後一代的子孫，甚至他們的自身，就陷到橫受外人蹂躪侮辱而莫可誰何的地位！

死後如何？

法國的福煦上將於三月二十日逝世，上期本刊秋月君曾有一文略述其生平，想讀者諸君均已見過。據巴黎傳來消息，福煦於三月二十六日出殯，那天上午八時，群眾即紛集於聖母大教堂廣場，及福煦殯車所過之一路。大教堂北塔之鐘亦開始鏗鳴，十時十五分，殯車離堂，全城靜默，喧譁的巴黎竟暫時化為寂靜之城，各商店銀行均閉門停市，沿途含悲致敬者不下二百萬人，老將霞飛亦由人扶掖參加殯禮，其靜穆悲壯為何如！據二十五日巴黎警察所報告，二十四日排班經過福煦上將之屍側瞻仰遺容和致敬憑弔者共三十五萬人，約七十五萬人不能擠入。二十五日早晨六時即有人成排入聖母大教堂，走過棺側瞻仰致敬，每小時約有五萬人。各協約國均派重要代表送喪，英太子由倫敦趕到巴黎送喪，送後即乘飛機趕回倫敦。又據華盛頓傳來消息，美國各兵站是日自黎明起至日落止，每半小時輒鳴炮二十一響，以示美國陸軍對於福煦上將之敬意。福煦以七十八歲退職閒散的老翁，逝世後貽本國民眾如此之哀思，獲國際人士如此之悼惜，其故安在？則請聽聽法國總理普恩賚在福煦墓前所致的悼詞：

「福煦上將為國供役，不抱野心；盡其職務，不欲報酬。吾人對此為法蘭西服務，為人類服務，精神永遠存在的偉人遺骸，敬謹鞠躬致敬。」

福煦救法國於危急之秋，使大戰得從早結束，功成之後，守分儉約，但知為國服務，不知有私人權利之爭，其感人者即在於此。我們這樣鄭重的敘述他的身後哀榮，並不是說他對於我們的中國有何貢獻，更不是存心恭維和我們不相干的別國的軍人，我們所要十分鄭重引出而希望同志們能加以特別注意的，是只知赤心忠良為國為群服務而不知有私人權利之爭的精神。

美國林肯於一八六五年四月十四夜被刺，全國人民，無論是他平日的好友，或是他平日的政敵，無不為之震悼下淚。什麼緣故？因為人人念他只知為國鞠躬盡瘁，死而後已，絲毫沒有顧到他個人的權利，不能自禁的被他那樣偉大的精神所感動。我國的孫中山先生於一九二五年（即民國十四年）三月十二日病逝於北平，全國亦為之泫然傷悼。什麼緣故？也因為人人念他只知為國鞠躬盡瘁，死而後已，絲毫沒有顧到他個人的權利，不能自禁的被他那樣偉大的精神所感動。一個人價值之大小，視其為群服務精神之大小為斷。

人壽幾何，終須一死，那些只知括地皮，爭權利，置國家安危於不顧的壞坯，活的時候使人怨憤，供人臭罵，死了之後使人快意，留人痛恨，何苦來？何苦來？

貓歟？狗歟？

有一位到過國外研究哲學很有心得的朋友，最近說過幾句很奇特的話，他說舊式的夫人終年在家裡守著，好像一隻貓；新式的夫人常常跟著她的丈夫在外面跑，好像一隻狗！他的意思覺得在家守著的貓比在外跟著跑的狗來得好。

我初聽這句話，覺得未免太侮辱女性，很為不平。後來仔細想想，無論男女，同是圓顱方趾的人類，你要說做夫人的是貓，你最多也不過是一隻雄貓；你要說做夫人的是狗，你最多也不過是一隻雄狗。所以倘把畜生的意思來討便宜，並沒有什麼便宜可以得著。不過我們倘若撇開畜生的討便宜的觀念，專抽出貓和狗所具的美德來談談，則自命為「萬物之靈」的人類不及他們的地方還多得很，且慢看他們不起！

貓的溫柔和愛，狗的信義忠勇，都是很可寶貴的美德，家庭中的伴侶誠能具備這樣寶貴的美德，豈不是很可欣慰的事情？

狗之所以尤其見輕於人，實在冤枉！韓退之在他文裡有過「蠅營狗苟，驅去復還」兩句話，於是一般以耳代目的文人便你一句「蠅營狗苟」，我一句「蠅營狗苟」，其實狗對於責任是最認真的，何「苟」之有？而且蠅也絕對配不上狗。蠅之為害，據亥機雅氏 (Hygeia) 所實驗，一隻蒼蠅身上可有六百餘萬的微生蟲！又據畢學伯博士 (Dr. E. L. Bishop) 所研究，尋常的一隻蒼蠅可以傳染疾病至二十一種之多，其中以傷寒，痢疾，及癆病為尤烈。至於狗之「驅去復還」，正是忠心於你的表示，何得還要埋怨他呢？於心理學很有研究，自認是「和動物發生戀愛的瘋子」郭任遠君，據他說像我國南方的長毛獅子狗，雖出產於有四千餘年精神文明的中國，但講起心理來，卻是好清潔，重義勇，守紀律，富美觀的西方物質文明者。郭君曾經引過一九二五年的美國國會紀錄所載上議院議員 Vest 在法庭裡關於狗的演說詞，說得很激昂沉痛，他說：「……人的一生最好的朋友可以一變而為他的仇敵……和我們關係最密切的人……都可以翻過臉來背叛我們，謀害我們。當我們得意的時候，車馬盈門，到處都有人逢迎。到了倒運的時候，就反眼若不相識，甚至相率而為落井下石之謀，雖至親至愛的人也將棄我而去……在這個自私自利的世界上，人們唯一的絕對無私的朋友就是他的狗。無論貴賤，貧富，無論飢寒飽暖，狗都不願離開他的主人，更不願背叛他的主人。要是可以跟隨他的主人，雖狂風烈日，暴雨大雪，也所不顧。人當舉目無親的時候，他的狗卻時時刻刻不離他……始終是他窮困時代唯一的同伴……」人類對此，能無慚愧？

至於我那位朋友的意見，我也有幾句話。我以為做夫人的人倘只知道躲在家裡，不知道參加正當的社會交際，或只知道鶩外，而置家務於不顧，都是不免缺憾的。這兩方面最好能有相當的支配，趨於任何極端都是不對的。

募捐提倡做死人

有一位朋友對我說他的親戚某君真是「有心人」，用了許多精神去募捐到五百塊錢，印了三千部有益世道人心的書送人，問我要不要。我聽了不化錢有書看，而且還是「有益世道人心」的書，就請他順便拿來瞧瞧再說。過了幾天，他就把所謂「有益世道人心」的書送了一部來，我看上去有四厚冊，書面寫著「閨範」兩字，第一冊封面上還這樣的寫著：「……所願得是書者，各各在家為眷屬演說，出外為大眾提倡……俾一切閨閣淑媛，皆得受持，是則是效，庶不負前人著述之苦心，諸君流通之素志也……」我略翻幾處來看看，知道其中所提倡的「婦女善行」是注重在「婦人者伏於人者也。」再看其中所撰述的事實，很有許多太合於現代潮流及人道主義的妙不可言的地方，可惜一點兒引不起我們「流通之素志」，更不敢「在家為眷屬演說」，現在姑隨手撮錄一二則以表示印送者作孽之苦心！

有一節是該書著者自詡為「錄之以為夫婦居室之法」的，事實如下：「呂榮公夫人仙源（原注夫人字也）嘗言與侍講為夫婦，相處六十年……自少至老，雖衽席之上，未嘗戲笑。」做女子的人原來應把面孔練得冷，練得板，而且能夠冷而且板到六十年之久，才搆得上「夫婦居室之法」！這個地方的「室」字似應改為「牢」字，因為這樣陰森慘冷的空氣，只於監牢中彷彿有之。

但這是「有心人」所提倡的「閨範」！他主張這是「一切閨閣淑媛」所應該「是則是效」的！

還有一節是該書著者讚為「不失為聖人之道」的，內容如下：「江文鑄妻范妙元，年二十一，歸於江，及門，未合巹，夫忽以癇疾卒。范曰：『入江氏門，即江氏婦也，豈以夫亡有異志哉？』遂居江氏家，潔身守志，卒年九十五。」為一個素不相識毫無情愛可言的人，不過踏進了門檻，便把從二十一歲至九十五歲的七十四年的一生送到孤寂慘冷的境界裡去！即范妙元自己有這幾句話，也是受毒深重所致，到現在時代，非全無心肝的人，大概不至贊成「上門守節」的把戲吧！然而這是「有心人」所提倡的「閨範」！他主張「一切閨閣淑媛」所應該「是則是效」的！

我們不忍責備當時這類無知的婦女，因為她們受不講理性的邪說和環境所煽惑壓迫，原也很可憐的。我們所覺得痛心的是這部書係呂坤在明朝萬曆十八年著述發行的，在現在已是三百年前的老古董，受過他的災害的那些無辜的可憐蟲，都早成了死人，化為灰土了，而生在二十世紀的「有心人」，仍閉著眼下狠心這樣提倡做死人！用了許多精神來募捐提倡做死人！所尤可恨的是還有許多人好像有錢無處用，情願拿出來助桀為惡，貽毒社會！

一位女同志的粽子

粽子形如三角，尋常都是用箬葉裹糯米煮熟而成的，又有一個較為文縐縐的別名，叫做「角黍」，據《續齊諧記》一書所載，楚俗在端午節便把這種角黍投汨羅江以祀屈原。我們知道屈原是戰國時候的楚國人，仕楚為三閭大夫，楚懷王雖重其才，卒為奸佞所讒，被謫於江南，於五月五日沉於汨羅江（在今湖南湘陰縣北）而死。不過現在許多人家到了端午節，雖對於粽子仍很起勁，卻只拿來供供不是死在汨羅江的祖宗，只拿來塞到不願死在汨羅江的自己的嘴裡，真正死在汨羅江的屈原反而輪不著了，但是我們略加一點兒考據的工夫，可見粽子原來卻含有這一段傷心史。不料最近有一位女同志竟因一隻粽子的關係，打破了飯碗，與二千年前的屈原大有「古今同慨」之感。

據說某地有個什麼「處」，內有一股除了男股長及幾位男股員外，還有個女股員，如用時髦一點的說法，當然是要尊一聲女同志，男女平等，對於社會事業應有共同參加的責任，這原是當今我國革新中的一個好現象。有一天這位女同志到辦公室來，不知怎地帶了六隻粽子，一看辦公室中到的同事連她自己卻有八個人，她就把這六隻粽子分給六個人，她自己和股長都沒有。不料這位股長先生心裡竟因此大吃其醋，從此對她所辦的事吹毛求疵，多方為難，大有欲得而甘心之勢；在這位女同志呢，因他這樣有意為難，心裡也很怨恨。後來因換了處長，全處職員都須重新支配，這位女同志看見自己的大名也在新職員名單裡面，為之一慰，又看見這位死做對頭的股長姓名不在內，更為之大慰，幾乎笑了一天。不料過了幾天，處中竟有新委令，叫那股長連任。他到了辦公室，一眼望見這位女同志仍在，不由火上心來，馬上寫張條子呈新處長，說她辦事不力，請他准許罷黜，新處長原也莫名其妙，股員的事既有股長這樣說，就立批「照准」，害得她知道之後好像空中霹靂，哭得什麼似的。後雖經她阿姊向這位股長求情，說「我的妹妹小孩子脾氣，倘有什麼地方得罪了你們大老先生，總求原諒……」他卻板著面孔說：「這是處長的命令，我無力挽回。」這位女同志只得隨著阿姊哭出大門。

一隻粽子吃了下去，於身體上似乎不見得有多大的滋補，所以有人頗咎這位股長先生的胸襟似乎太褊狹一些。不過他也許覺得這隻由女同志手裡拿出來的粽子，含有特別看得起你的意味，所以他的大不高興，總算也有他的苦衷！

在下和這位具有特別苦衷的股長先生和那位笑了一天哭著出門的女同志，都是素昧生平，當然絲毫不存有所偏袒的意思。不過我心裡略有感觸的一點，就是我們服務國家或社會，最重要的是「開誠布公」，「大公無私」的態度。有益於公，雖有私怨，不宜以私害公；無益於公，雖有私誼，亦不宜以私害公。這才是大丈夫應有的光明磊落的態度。

半個腦子

據於腦學很有研究的費利博士（Dr. E. E. Free）說，有許多腦學專家依實際研究的結果，都深信人類對於他們的腦子往往只用了腦子全部分能力裡面的一小部分，還有一大部分隱藏著的能力，都因沒有用著而埋沒掉。這個意見，因美國霍布金斯大學（John Hopkins University）裡有位腦學專家鄧德博士（Dr. Walter Dandy），最近執行了五起腦病的剖腦手術，獲得空前的奇異結果，愈益可信。據說有五個人患了異常嚴重的腦病，只有開刀或有一線之希望，於是像我國人所謂「死馬當活馬醫」，乃由鄧德博士用手術，把他們的大腦割去一半。我們都知道一個人的大腦是他思考力所薈萃的區域，剖割之後，這五個僅有半個腦的仁兄，有兩個仍不幸而無救，有三個的生命卻得以保存，於是這位腦學專家便得著測量所餘思考力的好機會。既割去了半個腦子，必有一半身體是要麻木不仁的，這是當然的一種結果，在未用手術以前就預料到的。一個人大腦的左半邊是管轄右半身，大腦的右半邊是管轄左半身，因為腦神經離開腦殼之後，就這樣交換方向的布滿左右半的身體各部。鄧德博士這次把五個人的腦右半割去，所以生存的三人左半邊身體都麻木不仁。所奇者是這三個人的大腦雖然僅留著一半，而細究他們的思考力卻與前無異。換句話說，就是他們有全腦的時候，並未曾用著全腦，只不過用著一半，否則思考力必可以比現在加倍起來。

我國昔賢常說「心常用則活，不用則窒」。又說「精神愈用則愈出」。這原來不過是他們經驗的話，現在有了上面所說的科學方法的證實，更覺得有深切的意味了。

昔賢又嘗有幾句警語，說「智慧愈苦而愈明，不可因境遇偶拂，遽爾摧沮」。「苦」是人人討厭的東西，有什麼好處？也無非是受了「苦」的刺激，把大腦裡的部分多用了一些，所以「愈明」；坐享「寫意」日子的紈袴子弟，「撒撒爛汙」，大腦裡用著的部分愈少，也許還要幹些不正當的勾當，把大腦傷了幾部分，弄得更糟！

但是用腦子也要得法，否則反而容易用壞。例如學校裡所謂「書蟲」（上海人所謂「書讀頭」）何嘗不是一天到晚的用腦子，可是「愈用」非特不能「愈明」，反而愈笨！要免這種弊病，有兩要點：（一）用腦的時候，要使注意力完全集中（concentration）。「書讀頭」的讀書，也許捧著書看了好幾頁，不曉得自己看了什麼！或硬記了許多時候，不懂得自己記些什麼！有的人讀書時間雖不多，而心得卻不少，就是在讀的時候注意力集中的緣故。讀書如此，處事亦然。（二）這樣用腦若干時之後，必須有「弛散」（relaxation）的機會，就是要使腦子完全休息，使緊張的腦神經得處於完全弛緩的狀態。「書讀頭」之所以尷尬，就在乎「一天到晚」沒有「弛散」的時候，所以他的腦子「愈用」而愈「窒」。讀書如此，處事亦然。

糊塗蟲假認真

本刊心水君在二十三期〈無若有〉一文裡談起幾年前某省有一位省視學鬧出的笑話，他重在說明「知之為知之，不知為不知，是知也」。勸人「有若無，實若虛」。他這段笑話，引我記起前幾年某省另有一位省視學的事情，倒也可算是一樣難得的後先相映的「佳話」！

這位省視學原是一個糊塗蟲，但他不幸做了什麼省視學，每年總要視察幾個學校，而且於視察之後，還要做幾篇報告，視察和報告都要有些話來敷衍一下，便苦了他的「特長」！有一次他到一個很有名的中學校裡去視察，他雖然到各教室裡去「視」了一番，原未「察」出了什麼，連各教員的姓名都不知道，這本是他糊塗的好處！但他一心準備著要做報告去呈給教育廳長瞧瞧，不得不認真一些，所以於視察之後，在該校應接室裡，便就懸在壁上的玻璃框內的教員姓名表，把姓名及職務照抄在袖珍日記簿裡，像寶貝似的藏好帶了回去，這總算是他的深謀遠慮了。不料他所照抄的那個教員姓名表是隔年的，其中有一個教員是已經去職的，還有一個是已經死掉的，這位糊塗蟲作報告的時候，卻閉著眼睛一個一個加了幾句評語，連去職的和死掉的教員所有的教授法都被他「視」了一下，「察」了出來，這樣的認真，說他糊塗似乎難免罪過！高高在上的教育廳當然根據他的報告公布，被那個中學校長和教員看見之後，為之大嘩，他對於教員勢難個個說好話，總要有些不大好的批評，糊塗的批評當然要引起一部分的不平，該校校長本想告他一狀，後來想到他對全校的總評總算說了好話，才置之不論。危哉糊塗蟲，間不容髮！

據說宋朝有一位戶部侍郎叫做呂端，宋太宗想叫他做宰相，有人說他糊塗，宋太宗說：「端小事糊塗，大事不糊塗。」終於叫他做了宰相。這位省視學先生在總評裡總算閉著眼睛說了幾句「好話」，也許還可以把「大事不糊塗」自慰，深嘆生不逢時，不然也許還有宰相的資格！但是他比呂端更勝一籌的是假認真，天下遲早終必拆穿的是假的事情，糊塗也罷了，糊塗而假認真，便更危險。

依姓名表上抄下來的姓名，只要抄的時候戰戰兢兢，如臨深淵，如履薄冰，不要抄錯，似乎是一件很穩當的事情，誰料這樣「觸眉頭」，卻遇著是一個隔年的表格！在做「假」的人都以為是「深謀遠慮」，「萬無一失」，不知天下只有真的事情是可以顛撲不破的，假的事情無論如何周密，總是必有一天要拆穿的。

急來抱佛腳是要來不及的！

最近軍政部致淞滬警備司令熊式輝氏一個訓令，內容如下：「為令遵事，案准駐德公使蔣作賓皓（四月十九日）電開，連日討論中俄德土各案，帝國主義軍閥主義之假面具完全揭破，不獨不能裁兵，實紛紛增兵。我國地位最孤立，東鄰在國際極活動，咄咄逼人。我國現在應迅速一致對外，整理軍民各政，以便應付行將爆發之世界大戰等由。准此除分別令行外，合亟令仰該司令遵照，並轉飭所屬一體知照。」

我們覺得國人對於蔣作賓氏的這個報告，應加以深刻的注意，視為我國同胞「做人」或「做奴隸」的出入關頭；倘若只不過視為「等由准此」的官樣文章，糊里糊塗的過去，一旦外患臨門，急來抱佛腳是要來不及的！

我們試睜開眼睛來看看國際間的形勢怎樣。表面上儘管有什麼和平會議，弭戰條約，裁軍會議，而在實際則各國莫不爭先恐後的積極增厚軍力，尤注意於力使戰鬥力之機器化與技術化，試僅就各國軍備消息流露於外的一部分說。（一）英國兵數雖較歐戰前減少四萬五千人，而炮數增加一百門，飛機增加一千五百架，唐克炮車增加四百餘輛，正在試驗利用電力操縱飛機，利用電力操縱發炮。（二）美國憑其巨厚的富力，即關於毒瓦斯（戰時用的毒氣）

一項之研究，今年已支出八千萬圓的巨額費用。（三）蘇俄倡言軍備全廢最力，而對於軍備的擴張亦最為熱烈。最近徵收航空稅，更力圖擴張空軍。陸海軍人民委員長奧奴西奴夫去年四月在人民委員會演講，謂蘇維埃民兵對未來世界大戰之準備，當注全力於飛機及毒瓦斯；又謂國家經濟產業計畫，必須以國防為基礎。（四）日本在震災後，財政雖極困難，仍將裁減四師團所省下的軍費，移用於新兵器的採用，增造飛機戰車，近且主張增加軍事財政預算，擴充防空軍備。（五）法國積極製造速駛軍艦，最近下水的驅逐艦法爾米號，每小時速度達四十六哩，為世界最快的軍艦。各國對於毒瓦斯都竭力研究，設有所謂化學戰隊，每年專為此事之支出，美國達八千萬圓，英國二百五十萬圓，蘇俄五百萬盧布（本年度已增至七百萬盧布），此外義大利德國等之無日不在研究戰術，訓練國民，積極備戰，報章騰載，已成公開的祕密。

我們不憚煩的列舉這種事實，絕非欽羨他們的好戰。戰是人類最不幸的事情，我們正為人類悲慘，何羨之有？我們所要藉此提醒國人的，是我們誠然不贊同帝國主義的侵略政策，但我國處此群虎眈眈的國際間，至少要全國一致的注意準備實力，以固國防，而抵禦他國之對我侵略。要準備實力，不得不力求內部之團結，政治及社會秩序之安定，經濟力之蓄養，國民教育及愛國精神之訓練與喚起，大家要念到民族前途之危殆，泯滅私見，互釋猜嫌，各向此大目標而盡量努力。否則屆時就是要嚴守中立，亦無力保持，只有任人宰割，聽人魚肉而已，雖盡量地貼標語，打通電，遊行示威，何濟於事？現在全國一致的急起直追，尚恐無及，倘像一家不肖的子弟，明知群盜即將猖獗，弟兄們不但不作禦盜的準備，卻在自家門內攘臂擦掌，自家人鬧得你死我活，精疲力盡，等到群盜臨門，那時真不知死所了！

令人敬仰崇拜的女接線生

在上海租界裡用電話的人，大概很容易和「接線生」相罵。在用電話的人方面，當然也有「阿木林」，好像生了一副大舌頭，把號數報得有頭無尾，或明或昧；也有過於性急的朋友，拿起聽筒等不到接好就咆哮如雷，好像電話機上老早應該接好一條「專線」（猶之乎闊人乘火車時有所謂「專車」）備他張開尊口！但平心而論，這種阿木林究竟難得，有許多接線生的服務精神確是太好了（當然也有真是好的，但極少數），接不接往往要隨他們的高興，你儘管事情急得不得了，他們卻儘管置之不理，有的時候還要罵你幾句，你雖氣得口呆目瞪，切齒握拳，又打不著他們一下！因此有許多人說起接線生，總不覺得有什麼好感。如今我把「敬仰崇拜」和「接線生」連在一起，也許有人要覺得過於不倫不類，但是我要奉告一位女接線生，實在足以喚起我們的敬仰崇拜。

美國渥海渥（Ohio，在美東北部一州）克利夫蘭城（Cleveland，人口約八十萬）於五月十六日發生一件很慘酷的悲劇。那個地方有一個全美著名的療養院，院長是世界聞名的外科醫生克里爾（George W. Crile），裡面還有許多內外科醫生也是在國際素享盛名的，不料於這一天中午之後不多時，在該院地下一層的愛克司光室因所存的愛克司軟片自焚起來（據說因熱氣管走漏，以致熱度過高），忽然爆炸，繼之以大火，蔓延全部，當時在院病人三百六十人，醫生看護婦也不少，軟片焚時所發多量的棕色毒氣，立能燒壞口鼻柔膜，窒阻呼吸，使眼口鼻同時流血，死狀之酷，慘不忍睹，雖多方趕救，已死一百二十五人，尚有八十人重傷，亦危在旦夕。

當此慘劇正在發生的當兒，該院裡面有一位女接線生基柏森女士（Gladys Gibson），以一妙齡的柔弱女子，在此火焰狂衝毒氣逼人之際，仍奮不顧身的在接線板上用電話將災禍消息通知全院各部，通知警察局，通知消防隊，通知救病汽車，俾速營救。等到最後她自己被人救出院外時，已香消玉隕，為援救全院的生命而犧牲了她自己。倘沒有她這樣奮不顧身的傳播消息，恐怕全院都要死光。她這樣的為群犧牲精神，雖昔賢所謂「殺身成仁」、「捨生取義」、「臨危授命」，何以過之？

在當時不顧自身生死的基柏森女士，她心目中只有她所司的職務，不知其他；只知道拚命援救全院的生命，不知其他。

天下最可鄙的是自私自利，天下最可敬的是為群為公。仁人烈士之所以引人歌泣，使人膜拜，都因他們不顧一身之私利而唯一群福利之是求，慘惻悲壯，至誠感人。基柏森女士雖僅志在援救一個醫院中的生命，但處在她的境地，最大限量之貢獻不過如此，而她的為群犧牲的精神，實與歷史上的仁人烈士一致同歸。

世有職在為國服務，為社會服務，而卻志在刮地皮舞私弊以害國損群者，聞基柏森女士這樣動天地泣鬼神的行為，不知能否引起一些愧怍，知道一些羞恥！

積毒的心理

美國有一位專精棒球的運動家，叫做魯斯（Babe Ruth）是世界聞名的，尤其是在各國的運動界。最近紐約的結婚執照局（Marriage License Bureau）有一對很引人注意的男女領到了結婚執照，他們倆都滿面笑容，欣欣然相挽著走出局門去舉行正式結婚典禮。這一對伉儷中的男子就是那位棒球大家魯斯，女子是一個寡婦霍濟遜夫人（Mrs. Claire Hodgson）。他們倆所以「很引人注意」，並不是因為她是寡婦，卻是因為魯斯是全國所注意的運動界的明星，而且他們倆的「結合」還有一段佳話。魯斯精於棒球的運動，而這位霍濟遜夫人也是棒球迷，她的迷不是加入運動，是喜歡看，所以無論魯斯在何處現他的好身手，這位芳心暗賞的霍濟遜夫人總雜在看客裡面湊熱鬧，後來他們倆有了機會做朋友，經過幾年的友誼，最近彼此同意，便結為終身的伴侶，他們只要志同道合，性情相投，彼此愛慕，就正式結婚，寡婦不寡婦，並不在心裡。

反觀我國最近有一件事，恰恰成了一個對照。友人中有林女士者，綽約多姿，擅長寫文，不幸與稿砧意見不合，調和無效，終以兩方同意而離異。所以這位女士雖非寡婦，總算嫁過了一次。同時有某君者，據說留學過東洋，現任某處什麼廠長，家富有，本娶過一個法國留學生，不幸她另有新戀，捲逃了三萬多款子，他心灰意冷，不想追究，卻想再娶一個。

湊巧他所認識的朋友裡面有一位姓湯的，這家的湯太太也認識上面所說的林女士，因常聽見某君談起，說他心目中所要選的新夫人，只要才貌好，就是寡婦也不在乎，這也可見他思想之新了，湯夫人就設法介紹某君與林晤面，最初只對他說是林小姐，未對他說明底蘊。晤面之結果，在林還嫌他有些難看，遲疑未決，在某君則大有「一見傾心」之慨，殷勤得什麼似的，當日就請她吃館子，第二天備好汽車請她在大華飯店大吃西餐，吃了不夠，還大遊其公園，並誠誠懇懇地約她將來同赴杭州西湖一遊，這種熱度在熱度表上究竟可算幾度，雖未敢妄斷，但離開所謂沸點總算不遠了。湯夫人看他那樣傾倒，才把底蘊托出，不料他卻像澆了一背冷水，吞吞吐吐的說道：「原來如此！那末我不願正式結婚，恐被親友所笑，就馬馬虎虎的租好房子同居何如？」林女士本來有點嫌他難看，如今見他表面上似乎新得不得了，而骨子裡仍是腐得不得了，當然還了一鼻子灰給他吃，不過那位廠長老爺卻白費了汽車費和大菜費，也許還加上幾夜冤哉枉也的枕上遐想！

積毒的心理真不易洗得乾淨！這位某君最初那樣熱烘烘的，誠偽姑不具論，但「有意」則似乎真確，乃以「原來如此！」就由「也不在乎」一變而為「也很在乎」！他推說「恐被親友所笑」，就算這句推託是真的，自命有新思想的人，乃一些義勇沒有，至「笑」也經不起，這種怯懦的「新思想家」真一文錢不值！

貓捉老鼠的新聞記者

孫總理夫人宋慶齡女士最近因總理國葬典禮，特由德取道俄京莫斯科返國。我們國民因哀念為國奮鬥而死的總理，對於總理夫人當然也是很敬重的，所以她此次回國，引起國人的歡迎與注意，是當然的一件事。不過此次夫人因欲避免新聞記者之絮聒麻煩，極力迴避，而新聞記者卻又無孔不鑽的不肯放，乃構成新聞界一件饒有趣味的事情。此次夫人在北平將往碧雲寺參與祭禮時，就先有許多新聞記者攜帶攝影機，準備包圍，夫人來時腳步異常迅捷，並由介弟宋子良君撐著紙傘，替她前後左右大掩而特掩，那一班攝影大家徒呼負負。夫人於六月一日國葬典禮舉行之後，即於當晚乘專車來滬，車於當晚十時十五分由南京下關開出，預計可於翌晨四時許到滬，這樣一來，似乎可以避免上海新聞記者的麻煩，因為夜闌更靜，幾位記者先生也許要依戀溫衾，難捨香夢。（這是指採訪新聞的外勤記者，至於編輯新聞的內勤記者，往往達旦不寐。）不料在當晚二時許就有許多「無冠帝王」披星戴月到站靜候，該專車到蘇州時已三時半，因加煤，三時三刻始開，直至翌晨五時五十分始到上海北站。各記者一擁上車，不料夫人早準備躲避，一面由衛士佯言夫人尚在安眠，請稍候，一面夫人卻靜悄悄的由另一門溜出！各記者覺察上當，急出月臺追趕，夫人不願表示意見。於是各報記不著什麼政見，卻大記夫人穿的衣服什麼顏色，穿的絲襪什麼顏色，穿的革履什麼顏色，走路怎樣快，頭髮怎樣少，更說到面容怎樣，有一報說「夫人面容清瘦」，有一報卻說「夫人面貌較四年前離平時略為豐腴」，「清瘦」和「豐腴」似乎不能說不是相反吧，我恐怕總有一位「無冠帝王」的「御眼」患了近視或出了別的什麼毛病！

名人怕記者的麻煩，不但中國，就是外國也往往有。他們不但「捉」住名人搜新聞，也「捉」住攝影，如在名人辦公室裡，攝時還要他堂而皇之的坐在辦公桌旁，拿著筆寫字，裝出正在辦公的樣子。據說美國名記者某君常常懷疑名人這樣裝作寫字備攝的時候，到底寫些什麼，有一次他「捉」住上議院議長在辦公室中這樣攝影，攝畢有意斜著眼偷看他寫了什麼，卻見紙上寫著「倒楣！」（Go to hell!）可見他對於新聞記者的心理。像我們這樣的無名小卒，（恕我失禮！我知道讀者諸君中有不少名人。）來去自由，卻也是名人所享不到的一種清福。

其實新聞記者不憚煩苦的對名人實行「貓捉老鼠」的手段，也是為社會的讀者，社會是應該感謝的，不過我愚妄之見，覺得倘與國家或社會無重要關係的事情，似乎可以放鬆些。有人說黃慧如女士雖不是什麼要人，在懷孕時期內因受新聞記者之「釘」得轉不過氣來，以致起病，實是新聞記者害死的，此雖苛論，但也不無理由。

阿貓阿狗的成績

上海租界市立學校的外國校長之收入，據說「嘸啥」，即如愛而近路的華童公學，不過是一個中等學校，那裡面的外國校長每月薪水就有八百兩銀子之多，上海特別市政府的市長月薪不過八百塊錢，以一市之長比一校之長，還有遜色，其中異點無他，一是黑髮黑眼睛的中國人，一是黃髮藍眼睛的外國人。

經濟上的酬報不一定就可以用來測量工作，譬如有的人工作儘管好，而實際上所受的酬報未必能相稱。但是受了重酬的人，在工作方面似乎應該要有些特別優越的成績，才可以減少一些內疚。我因此偶然激動了好奇心，要問問八百兩月薪的中學校長到底有何特異的成績。我國有「聖人」之稱的著名學者某君，在他未留學未成名以前，曾經在這個學校裡做過英文教員，據說這一類外國校長管理的學校，多少有些成績，不過他所舉的理由卻很值得我們的注意。他說中國人做事，位置常常變動，今天不知道明天的事情，外國人做校長，一做就是十年八年，按著計畫做去，畢業的學生也可以比較的多起來，所以無論阿貓阿狗去做，在比較的長時期內，多少總有些成績。

我覺得他這幾句話很使人「感慨繫之矣」，我們不講別處，只講這個學校所在的同一區域的上海，兩三年來的市長哪，警備司令哪，交涉員哪，不知換了幾個，尤其熱鬧的是市教育局局長的席不暇暖。自十六年七月市教育局成立迄今，局長已經更換了四次，為時僅僅兩年，每人任期平均不到一年！管子曾經說過：「一年之計，莫如樹谷；十年之計，莫如樹木；終身之計，莫如樹人。」不到一年的時間連「樹谷」都不行，要想「樹人」的成績，只有定做幾個無錫惠山的泥佛佛！在這種情形之下，就是有天大本領的人，也覺「英雄無用武之地」，阿貓阿狗更不消說了。

最近某君榮任南京某教育機關裡的什麼處的處長，想請在下一位朋友去幫忙，在辦事的人能專誠延攬專家幫忙，當然是一件極好的事情，但是有許多人勸那位朋友不要去，都說「五日京兆」的事去瞎忙是沒有什麼意思的，他便婉謝了前途之請。可見在這種混亂不寧的狀況之下，專家反不易有貢獻，卻往往多給機會與阿貓阿狗；短時期裡的阿貓阿狗，當然更遠不及上面所說的長時期裡舶來品的阿貓阿狗之有成績！於是乎我們的阿貓阿狗便不及別人的阿貓阿狗！而且一有變局，不但大貓大狗要走，連許多小貓小狗都要跟著一起滾，於是乎我們的小貓小狗也不及別人的小貓小狗！

這種可痛的現象，商界似乎少些，政界最利害，捲入政治漩渦的教育界也不「退班」。這種惡現象不除，事業大概難有真正進步的希望！

奴性十足的舞弊本領

前兩天在下有一位親戚路經香港來滬，在香港上岸住了幾天再上船，竟發現一件香港華捕優待本國同胞旅客的事情。據說你上岸的時候，如果沒有多帶什麼行李，還不覺得有這種優待；如果你不幸多帶了幾件行李，巡捕藉口檢查，把你的箱子開起來，一件一件衣服很仔細的翻開來，把許多原來很整齊緊湊放在箱內的衣物，亂七八糟的翻堆成山，一面且翻且堆，一面向你開口「講價錢」，如你「勿識相」，他翻了一箱又一箱，給你一個好機會去耽誤時間及享受重新收拾的麻煩！像我那位親戚帶了十七件行李，那認真辦公的巡捕先生竟開口索五十塊錢，後來翻了許久，嘰哩咕嚕地拿了幾塊錢去，才把尚未翻亂的箱子免查。上岸時如此，上船時也如此。據我那位親戚所見，不但他得著這種優待，許多中國人作旅客而多帶了一些行李的都享得著同等的待遇，但是這種如狼如虎的巡捕，一遇著外國人，卻一概不敢絲毫露出這種認真辦公的手段。有某君帶了一位外國夫人到香港上岸，靠他那位黃髮碧眼的夫人挺胸而出，聲明一切行李都是她的，便一概免受騷擾，某君自念忝為中華民國的國民，在那剎那間悲不自勝，簡直沒有面目注視他的夫人！這樣高明的舞弊本領已經使人佩服，而同時又充滿了奴性的精神，更是可以使人痛心疾首！

這種維持公安優待中國旅客的成績，也許為當地上級警察官吏所不知道，我想到這一點，不僅為香港一隅的事情感喟，更感觸到我國國民遇事馬馬虎虎的惡根性，實有自取其咎的地方。例如遇著這類勒索搾詐的行為，便情願馴伏的挖腰包，以為多一事不如少一事，一時能免麻煩而趕緊過去就算了，何必斤斤計較。他們絕不想到一個人無辜橫受侮辱之為可恥；絕不想到連合受虐的旅客向當地較高機關提出抗議；絕不想到經他們這樣抗議之後，後來的旅客受福無窮；絕不想到維持公安的人反而擾亂公安之當嚴懲，免再貽毒社會；絕不想到中國人之所以處處受人侮辱，原因固多，而各人但因循苟且的只顧自己一人暫時的省事，而並不想到社會方面所受的惡影響，也是一種很重要的助桀為惡的劣根性。

外國人同是人類，有什麼特別的東西使香港巡捕不敢稍存勒索搾詐的念頭，無非明明知道一有這種行為，碧眼兒絕對不予容忍，必定要報告當道的上級人員，而對於中國人則又明明知道必受容忍，有恃無恐。他們對於實用心理學是何等的有研究！他們所研究出來的這種中西心理的異點，也就是中西社會治亂現象所以不同的根源。

我們只得佩服文明國的法律！

本年五月間，很文明的上海發生一件很文明的事情，其中文明的內容，已為咱們這樣不甚文明的國民所盡知，現為評論之便，特撮述上海臨時法院陳恩普推事呈報文中幾句話：「……竊恩普於本月二十一日上午十一時赴斐倫路驗屍，戈登路捕房報驗張學亮被毆身死一起。驗得張學亮頭皮破裂，腦蓋骨破碎……訊據屍子張小毛，供稱現年十六歲，十九日晚九時許，我父叫我拿一元錢買柴的，這時柴店已經關了，我就回來，走到兵營地方，已有一個外國兵，喂喂叫我，我說啥事體，他就將我拖到營房裡，叉住我喉嚨，推我倒地，將我褲子拉下，我大聲呼救……一脫手，我就跑到外面，嘩啦嘩啦喊救命，我父跑來，問何事，與他們言語不通，他們一共六個兵，將我父用掃帚柄打，又丟在一條小河裡，我父親跑上來又打……並經指認英兵撥拉司為當時將其拖進營房之人，張學亮被毆時，該撥拉司亦在其內……」這種文明兵在我們不甚文明的國裡是享有所謂「領事裁判權」的，所以由英軍事法庭審判，七月六日交涉公署已接到英總領事轉到英國駐滬司令官關於判決之通知，方知對撥拉司很文明的殺人罪僅判處監禁一年，對很文明的「褲子拉下」更不提及。

我們這樣太爭氣的國家，太有團結力的國民，所受文明國的文明待遇，本來已經不算希罕。

我們善於健忘的國民，難道不記得前幾年很文明的上海曾有過很文明的兵跑到不甚文明的華人家裡，將女僕「褲子拉下」的文明舉動嗎？審判的結果，除那個不甚文明的女僕在法庭上繪聲繪影，說了許多很文明的詳細事實外，那位文明國的文明兵卻「宣判無罪」，現在「監禁一年」，已算「天恩高厚」！無故殺死一個中華民國的國民，就是鬧得天翻地覆，也只是「監禁一年」，如果情願在監裡住二三十年，一個文明人可以隨意殺死二三十個中華民國的國民，我們所得於國家之保護者是何等的穩固！大家何必再想什麼發憤圖強，何必再想什麼萬眾一心的把國家弄好，盡不妨再自私自利，腐化的不妨再腐化，貪婪的不妨再貪婪，舞弊的不妨再舞弊，無惡不作的不妨再無惡不作，橫豎有許多文明的待遇在後面等著，盡夠享受。不但張小毛的老子有無辜打死的好機會，將來凡是任何中華民國國民的老子都有無辜打死的好機會！不但張學亮的兒子有「褲子拉下」的好機會，將來凡是中華民國國民的兒子都有「褲子拉下」的好機會！

我要痛哭流涕地告我全國同胞：向來只知有自己有家族而不知有國的國民，如今也許稍稍知道如不趕緊發憤圖強，萬眾一心的把國弄好，就是自己，就是家族裡的父母妻子兄弟姊妹兒女以及其他所親愛的人，都有享受文明待遇的好機會！

無恥！

最近有一天下午六時後，我剛踏進上海法租界所謂法國公園的大門口，就瞥見五個形似學生的男青年，有的穿中山裝，有的穿長衫，長衫下面還露出西裝的褲子，年齡約自十六七歲至二十幾歲，正在緊緊地跟著四個形似學生的女青年，年齡也和上面所說的差不多，我看見前面走的幾個女青年神色倉皇，喘息疾步，方以為異，即見其中有一個女子停步怒斥說道：「你們滿口男女平等，交際自由，難道就可以任意跟著強人同走，強人談話嗎？……說了許多骯髒話，跟了幾圈還不走開！……」她說時淚已盈眶，胸部更起伏的喘著。那幾個青年卻仍嬉皮笑臉的嚷著向前包圍。我正想上前盤問，那幾個女青年已趕緊退出了大門，她們嬌聲責備的餘音尚裊裊可聞。那幾個男子趕到大門口，嘴裡還嚷著「做妻子的不應該聽從丈夫的話嗎？」見她們一去而不返，才嘻嘻哈哈的轉身縮進去繼續享受他們遊園之樂。我當時不禁怒之以目，還有幾個旁觀者也現出鄙視的樣子；但他們竟恬然不以為恥，還夾著幾句法語自相說笑！

我們誠要開通風氣，最低限度的基本道德，須能嚴格的尊重對方的意志自由：換句話說，即絕對的不得以一方面的意思強迫對方以必從。我們誠然贊成「男女平等，交際自由」。

但所謂「平等」是兩方都立於平等的地位，誰也不應壓迫誰；所謂「自由」，要以不侵犯他人的自由為範圍。若有一方壓迫另一方，是否平等？受壓迫者是否自由？（就是上海下流社會所謂「軋姘頭」，也須兩方同意。）這種最低限度的基本道德，自命「新人物」者還絲毫沒有，和土豪劣紳之任意壓迫女性有何分別？像上面所說的那樣青年，荒謬一至於此，他們的家長和學校裡的當局對於陶冶訓育方面，不知到底幹些什麼！

其實說這類青年誤解了新潮流的真意義，還是以君子之腹度小人之心，因為由誤解而錯誤，還未離開誠實，心術尚未壞，而彼等在實際上則原來存心陷人，不過藉新名詞以自掩其醜罷了，只要看看本年二月間杭州娛園商場發生的一件趣聞更可明瞭。有一天該園有女青年兩位在樓上觀劇，忽來一翩翩少年，瞥見之下，即使出勾搭手段，居然達到目的。娛園閉幕之後，他們偕出同到愛居廬小酌，不料各詢住址姓名之後，方知少年和其中一位女子係未謀面的未婚夫婦，於是雙方面紅耳赤，中輟而散。據說該少年係下城某絲行司帳劉某的兒子，女為某綢莊經理方某的女兒。事後劉子和他母親大辦交涉，咬定方女必有外遇，要求解約。可見這類青年對待他人的女子是另用一副心腸，輪到他自己的未婚妻，便急得那個樣子！

「人家要笑的」

「記者足下：吾今欲以至簡單至純潔事實，求至豐富至明確之解答，足下其許我乎？吾至敬愛之妻不幸於數月前逝世，我年將半百，上有老母，年高八旬；下有子女，皆未成年，失此中堅，幾不成家。幸有妻妹，服務近處，吾妻病時，伊即請假來居吾家，看護病人，助理家政，吾妻故後，伊更辭職，代我侍奉老母，教育子女，任勞任怨，有條有理，就家政方面言，彷彿與吾妻未死一樣……伊二十而寡，未有子女，守節已逾二十年。我本只有敬佩，不敢言愛。但我之子女自其母病時，即視伊如母。其母臨絕不瞑，彼等躄踴號哭，大呼『有小阿姨在，母可放心』，親族共聞。數閱月來，受其鞠育，不啻親生之母，更覺難分難捨。彼等恐伊出外就事，竟公然向伊要求，更進一步，做他們法定的永久的母，吾母亦力讚其議，用十二分誠意，向伊要求，而伊之答詞，則為『人家要笑的』。談判了一兩個月，說來說去，終是如此……我因為吾母吾兒之議果能實現，則在事實及感情上，均不啻吾妻復活，幸福之大，無逾於此，而拙於言辭，無法戰勝此『人家要笑的』一語，所以要求足下……」

這是友人江君最近給我看的一封信。作者不願宣布姓名，但托江君請本刊代為「解答」。他附致江言，並說「如蒙解答，不啻再造吾家也」。作者是本刊的一位熱心讀者，此事與社會也很有關係，我並鑑於他的誠意，很想盡我思考所及，給他一個「至豐富至明確之解答」，不料過了兩天正在握管待寫的時候，江君匆匆來說此事已經「談判決裂」，某君剛有信來，請將前信作罷。我覺得這件事實含很有意味的社會問題，在某君個人方面似可不成問題，而從社會的立場看去，尚有討論的價值。

(一) 此事之應玉成其美，我想不但略有一些腦子不是全無心肝的人不至「要笑」，就是該死的頑固派，看在這種情況之下，(我讀至信中子女呼聲，為之慘然，) 也不至「要笑」。就是有的，可決定是極少極少。如某君和「妻妹」這一點點義勇都沒有，也應在「該死的頑固派」之列！

(二) 此事如能玉成，在某君不但救了陷入吃人禮教的黑暗境界二十年的「她」，她自己不但救了陷入吃人禮教的黑暗境界二十年的「自己」，而且替中國數千年被壓迫而過慘苦生活的女同胞開一線光明，對中國社會實有一種很大的貢獻。以某君為留歐前輩，做過某省實業行政機關的領袖，學識經驗，俱負時望，「她」又是上海很有歷史的一個著名女校畢業生，乃竟對自己對社會失此好機會，尤令人深深的失望。

(三) 愛是富有犧牲性的，某君的毛病在「不敢言愛」，他倘能親自用一番愛的工夫感動她的心，也許還有挽回的餘地，這是我作此文時候還在希望著的。

傻子太少

有某君談起他有親戚某甲最近乘滬寧車到滬，所乘的是三等車，上車時乘客擁擠，座位上都坐得滿滿的，他只得立著，後來立得腿酸腰痛，東張西望，無意中瞥見有乘客某乙自己坐著了一個座位，身邊又放著一件行李，也占去了一個人的座位。某甲便請他把那件行李拿下來，讓他坐坐。不料某乙竟不肯讓，某甲和他大辦交涉：「你買了一張票，我也買了一張票的……」某乙很頑強的怒斥他：「誰來管你買票不買票！」某甲更冒起了火，愈嚴厲的提出抗議，某乙卻妙得很，把本來掛在胸前衣服裡面的一個徽章，特為抽出來拖露於衣外，表示他是機關裡的職員，也許還是一個什麼官兒。可是某甲仍「弗識相」，反大講其理由，說什麼「現在的政府是民治的政府，鐵路既是國家的，便是國民所得共享的……」某乙聽了說得更妙，他正而經之的憤然駁他道：「我就是國家的，我的行李就是國家的。」理由多麼充足！法國的專制皇帝路易十四所說「朕即國家」的話，不能專美於前矣！他的意思大概是說他既做了公務人員，國家的就是他的，他的就是國家的，所以他可以隨意享用，乃至於他的行李也有享用火車上座位的特別權利！我卻笑語某君：「他的行李既然是國家的，即不是私人的，公物公用，便不應給他私有，應該充公才是！」

這位用徽章來嚇人的仁兄誠然憨態可掬，憨語可哂，但也未嘗不是有人——比他顯赫的——拿機關或官吏的威權來「侵略」我們老百姓，這種好榜樣給了他暗示，他不過是做得憨些說得憨些而已。當時全車的其他乘客都作壁上觀，某甲雖繼續的抗議，只好像中國人在租界裡的抗議，都是白說的，竟一路嘰哩咕嚕的立到上海。

我記得《西瀅閒話》的著者說過這樣的幾句話：「有一次我立在倫敦一條街上，候著看新市長就職的行列。大約立了一點鐘，我身後的人已有數重，忽然一個中年婦人突來站在我的面前，我自然一聲不響地退讓了。我兩旁的不認識的女子卻抱了不平。她們說我站了一點多鐘，那婦人不應當搶我的地位。中年婦人聽了她們的批評，面紅耳熱的逡巡自去，她去後我兩旁的人還憤憤的說她無禮。這種在中國會有嗎？誰肯這樣無故的開罪他人，何況為了不認識的外國人？然而這樣的傻子我自己在英國遇見就不止一次。」

老實說，我國敢於凌轢法律而專姿橫行肆無忌憚者之所以多，就是一般國民中「傻子」太少而社會制裁力太薄弱的緣故。我國的那個「某乙」所以敢於無理「頑強」，英國的那個「中年婦人」所以不得不「面紅耳熱的逡巡自去」，並不是她比他特別好，是因為她的國裡「傻子」多而社會制裁力強；他的國裡「傻子」少而幾至於無，社會制裁力弱而幾等於零。

白忙了一頓

教育部因上海私立大學好的太多了，於是有立案的規定。要請求立案的大學當然要表示相當的成績，還要經過教育部派人視察認為滿意之後，才准立案。最近上海有個大學呈請立案，教育部允即派人視察。於是該校當局手忙腳亂的大大的準備一番，尤其可以自豪的是教務處，粉刷油漆，煥然一新，把缺的用具補足，把亂的東西排齊，總算苦心孤詣的忙了不少時候。有一天上午教育部特派的視察員某君居然大駕光臨，當然先忙著引他到教務處去瞧瞧。可是他未免太不體諒，瞧了這麼好的教務處還不知足，又要參觀什麼學生寄宿舍和圖書館，雖然令人討厭，但也只好吞聲飲恨的引導他去觀一下。

他走進學生寄宿舍之後，當時已在上午十時後了，卻瞥見好幾處尚有學生在榻上高枕而臥，呼呼的睡夢正鼾，把上課的時間暫時借為睡覺的時間，引導參觀的幾位先生只得面面相覷，無話可說。學校訓育和個人修養都須重在平日的工夫。個人在平日缺乏修養，臨事便易於心慌意亂，手足失措；學校在平日對學生既隨隨便便，高興上課就上課，高興睡覺就睡覺，臨時要他們認真起來，把睡覺時間和上課時間暫時分分清楚，倒也不是一件很容易的事情。所以在這種地方，我卻不怪晝寢的莘莘學子，要怪平日一直好像在那裡睡覺的糊塗先生。有人說這並不算糊塗，正因為有意那樣馬馬虎虎，學生的人數可以大大的增加起來，正是他們認真之處！

閒話少講，且說那位特派視察員由寄宿舍而圖書館，一看各書架上金字輝煌的洋書雖不很多，倒也不很少。他這樣東張西望的瞧瞧也罷了，無故又抽出幾本翻開來看看，看見書上寫有私人的姓名，再抽幾處，也有同樣的特色。原來該校圖書館書籍本來不多，所用的管理員又志在不管不理，常常身在館外瞎跑，於是書籍更大大的不脛而走。臨時才把許多教員和學生的書暫時搬來排列。所幸我國大學的圖書館大概都用不著很大的，像美國的哥倫比亞大學裡的圖書館最近有書五十三萬卷，哈佛大學裡的圖書館最近有書一百十八萬一千六百三十五卷，那就是臨時要搬來搬去也遠不及我們的便當。所不幸者，那位視察員並不很贊成這樣的臨時搬來搬去，立案竟因此暫擱起來，徒然白忙了一頓。

天下只有腳踏實地的事情才能顛撲不破，這種「小」道理似乎太對不住那個「大」學了。

也許是能力的表現

上海有個女學校，畢業生的出路非常的好，一畢業就被各處聘請一空，有人把它比作一家新開張的饅頭店，好像由蒸籠裡拿出熱騰騰的許多饅頭，一會兒就賣空了，簡直來不及應付。我國教育鬧了二三十年，還不能算發達。女子教育更蕭條得可憐，這個女校能多為社會造就幾個女人材，總算是一件好事情。有一位朋友和我談起這個學校，也有同樣的意思，不過他卻接著大搖其頭，我很詫異的問他有何高見，他說：「這個學校的校長某女士，我上月在西子湖邊遇著她的時候，還見她和她第九次嫁的丈夫在一起，在本月她竟第十次嫁了一個男子，目前正在度他們的溫存甜蜜的蜜月。」他說完之後，又接著大搖其頭，大有「人心不古，江河日下」之慨。我說我對於這件事卻要用另一副眼光來看；這件事在冬烘老學究式的道學先生看起來，當然有很不好的印象，不過我們倘從另一方向看去，此事也許是自立能力的表示。

我的意思不是說多次離婚多次結婚是一件什麼值得提倡的好事。像最近哄傳世界的一個嫁過五十次的比利時美女嵇瑪希（Abrienne Guimarche），她靠著一副美貌，在歐洲所旅行到的各埠，幾於在一埠嫁一夫，而且都是入款每年至少在二萬元以上的男子。最近她倦遊回到比利時的首都布魯塞爾（Brussels），正在嫁給第五十一次的丈夫，方在禮拜堂中舉行很盛的婚禮，牧師開口致詞之際，人群中忽有一人出來認定她是他的妻，她自己也記不清楚他到底是五十個丈夫裡面的第幾個！結果當然是把她捉將官裡去，現在正在法庭中受審。這種事實當然只不過引起我們的好奇心，據說她的隨處另嫁，不過是要藉各人的金錢以資揮霍，那就更沒有意思了。像上面所說的那位女校長，她自己是有錢用的，絕不是因為要騙錢用而屢嫁的。她十嫁的真因何在，局外人當然無從懸揣，倘若她是出於選擇對方本人的意思，覺得不對就敢於另擇一個更合於自己所欲擇的，那便不是不能自立的女子所敢做的事情。我的意思不是贊成她的十嫁，是覺得女子之所以受壓迫，大都由於自己無自立的能力，（其實無自立能力的男子也何嘗不易受家族的壓迫？）我們不要以為外國離婚多而中國離婚少，便可以自豪，當知中國有許多女子雖極不滿意於她們的丈夫，因無自立能力，也只得吞聲飲泣得過且過罷了。

我臨了又要申明的，離婚是不幸的婚姻一種不得已的解決方法，我的意思不是要提倡離婚，不過以為女子對她丈夫與其貌合神離而忍苦敷衍，不如有自立能力者之能爽爽快快的另自擇人。

其實無論男女，要解放，都須以養成自立能力為前提，不僅婚姻一事而已。

偷偷捏捏的大學教授

大學教授盡可光明正大的做去，何必偷偷捏捏呢?因為他太鹵莽的幹了偷偷捏捏的勾當。

老友秋星君雖是一位工程師，卻有文學的天才，所以他寫的信和他做的文章我都很喜歡看。最近我又在他那裡搜得他的留美日記兩厚冊，他的那樣娟媚的書法和生動的文筆，都使我好像陶醉在百花爭妍或月朗風清的境界裡。其中有一段記一位「偷窺的大學教授」(Peeping Professor)倒可以先提出來和諸位談談。美國芝加哥大學是一個很著名的男女同學的最高學府，男女生的寄宿舍當然是分開的。女生寄宿舍在康武堂(Kenwood Hall)，這個寄宿舍正沿著康武路(Kenwood Avenue)。有一個星期六的晚間，這個寄宿舍的後面女生浴室的窗口忽有一個人在那裡偷偷捏捏的伸著脖子偷窺，他自以為在黑暗中神不知鬼不曉，不料剛巧有個警察在路上走過，看見後樓上面似有個偷偷捏捏的人影兒，以為也許是那一位賊伯伯來光顧，便把隨帶的特備攝影機放光一攝，把偷偷捏捏而又活龍活現的狀態纖悉畢露的攝入相片裡去。這已經有點尷尬，不料被無孔不鑽的新聞記者所知，而且探悉這張相片裡的人物不是別人，卻是該大學裡的化學教授文德(Prof. Gerald Louis Wendt)!第二天早報上「偷窺的教授」

的肖影和新聞即赫然現於閱者的眼簾，該教授乃不得不立向該校辭職而去。秋星君在這段事實後還加上這樣兩句話：「此事雖可怪，然不宜誤會美國大學學風如此也。」

大學校裡的化學教授似乎應該到化學實驗室裡去看看才是，怎麼卻跑到女生浴室的窗口去偷窺？這真有點使人莫測高深，怪不得秋星君說「可怪」。

學風的「風」字是「俗尚」的意思，上面所說的那件事當然是千載難逢的奇聞，倘若已成了「俗尚」，文德教授便仍可以文質彬彬的上課堂，用不著那樣慌慌張張的辭職而去了。所以我國的未死的頑固派絕不能掀髯得意，以為此等事可以助他們反對大學男女同學張目。

我對於這件事卻另有一點意思，我以為私德和公務雖不必常牽在一起，但我們至少要牢守一個重要條件，就是「小德出入」而有妨礙公務之處，仍當毅然決然戒絕。例如這位文德教授既身任大學的教授，對於該大學的學風便絕對的應該負有維護的責任，如他在別的地方「偷窺」，其責任便遠不及他在本大學裡「偷窺」之重大；又例如新聞記者倘有官迷，儘管自己識相些走別條路，倘若利用「無冠帝王」的地位而運動做官，那便是對於他的事業（此處即新聞業）喪失了忠誠的精神。

不過被瘋狗咬了一口

有向住北平最近來滬的親戚某君，談起張宗昌在北京炙手可熱時代幹的一件好事。有一天他正在一個戲院和張學良同在一個包廂裡聽戲，貼隔壁的另一個包廂裡卻坐著當時已退休的某要人的一女一媳。她們姑嫂倆倘能安分的坐著聽戲也罷，不知怎地臨時卻看中了小張，十分殷勤地打「無線電」，這幾個無線電曾否打入小張的眼裡尚在捉摸不著的時候，卻被另一位姓張的瞥見了，他看她們那樣搔首弄姿，眉目傳情，斷為不是好東西，遂引起了他的歹意，竟靜悄悄的吩咐一個隨身馬弁注意她們的去跡。事後那位奉著特命的馬弁會同幾個「弟兄們」大做其逡巡的工夫，居然在東安市場被他們巡著，便挾著她們裝進特備的汽車風馳電掣而去。在她們倆還以為是小張弄的把戲，也就假痴假呆的隨他們去。不料到了目的地之後，出迎的並不是意想中的小白臉，卻是一個滿面鬍子的長腿武夫！她們至此，已欲避不得，張長腿很不客氣的把那位「小姐」留下來，把那位「少奶奶」打發回去。當夜某要人託了許多人去援救，長腿一概擋駕。到了第二天，有人對他說她是某要人的「小姐」，他從容不迫的嗤之以鼻道：「這有什麼！多開一門親就是了，我難道會辱沒了他的門楣嗎？」從那時起，那位在戲院裡殷勤打「無線電」的「小姐」便做了他的第二十五的姨太太，替她的父親光門楣！直到那位無善不作的「張大帥」一敗塗地，提著一雙長腿逃往日本之後，這位「小姐」才被放出來，她回來之後，在報上登了一個啟事，聲明不過被瘋狗咬了一口，別的沒有什麼。

不過被瘋狗咬了一口！也可算是「語妙天下」。軍閥時代「瘋狗」之無法無天，人民生命財產之毫無法律的保障，那些「瘋狗」固然是罪不容誅；但就那位「不過被瘋狗咬了一口」的「小姐」說，在戲院裡「多美婦人」，那只「瘋狗」雖瘋，何以當時不咬別人，卻偏要咬著她一口？也無非因為她自己先發了瘋，無緣無故的打起什麼「無線電」，於是無意中引起那只「瘋狗」的瘋，她才不免被瘋狗咬了一口。

俗語說「物必自腐也而後蟲生之」，又說「空穴來風」，孟老夫子也曾經闡發此義而鄭重告人說道：「人必自侮而後人侮之，國必自伐而後人伐之」。例如日本發瘋提出了二十一條件，當時也是窺見袁世凱先發瘋想做皇帝，才有挾而來，明明知道他不敢不答應。因袁世凱一人發了瘋，無辜的中國也被咬了一大口，至今元氣未曾恢復，不像那位「眉目傳情」的小姐只要登報啟事聲明便算了事。

一封萬分迫切求救的信

本刊最近收到一封萬分迫切求救的快信，並附來郵票叫本刊用快信答覆，內容悲惻誠摯，誰看了都要感動憐憫的，（除非不肯諒解他人困難而自命道學先生的傢伙！）我深覺其中事實很可提醒一般做家長及子女者，因略去姓名地址及家庭詳況，僅提出事實要點，使閱者不致認得出作者本人。

「記者先生……我現在是帶羞愧和熱淚來說話，希望先生救我！先生，我們雖然不相知，但是我相信只有你可以拯我於地獄之門……先生！我真不知怎樣的啟口……我的家庭是舊式的……他們要替我定婚，只知道資產與門第，並不注意對方的本人……我因之反對……近來我同一位朋友很要好。……我父親查得我的朋友已經定婚了，又趕緊要把我議給官僚的腐化兒子，自然我又要反對的，觸了他的火，怒氣衝衝的說：『如果有了壞名譽的事，我立刻置你於死地！』……先生！咳！我不能再說下去了！我因為愛他，由愛而有了性的行為，事情來得可恨，不幸有了結晶……先生！我現在不得不設法吃藥，以圖消去那可恨而可痛的東西，否則我是永遠進不了家門，這還不緊要，最重要的是不能入學，因為經濟根本沒有……他也是經濟尚未能獨立的。……請你代問醫生吃什麼藥可以安全的消去？……我本來找過……醫院的醫生，但是他不肯。……希望你為一可嘆惜的女子設法，告訴，並且在什麼地方買。如果醫生要錢，只要來信說明，馬上設法寄你。先生！我為了我們的前途，所以不得不這樣做，希望你原諒……千萬分的原諒！因為我愛他的時候，什麼都沒有想到啊！……」作者是某著名都市的著名女校學生，她的意中人是同都市的著名某大學學生。墮胎是違法的，況又相距太遠，我雖和幾個做醫生的朋友商量過，都不得要領，只得竭我思慮，詳答幾條可能的路復她，以備參考，並反覆勸她不可遽萌短見。

我們試平心靜氣一察，即知作者原是一個品性優良的女子；她反對徒重資產門第而不注意對方本人，她慮到不能入學，她顧到「我們的前途」。她的大錯不過是在「經濟根本沒有」之前而「不幸有了結晶」。（「他也是經濟尚未能獨立的」，當然是同一錯誤。）在她處在這樣毫不諒解毫無同情的「舊式的」家庭裡，因兩性愛悅而受一時的衝動，我不但不忍責備她，並要「千萬分的原諒」；我說她錯，意不在此，是在她原可比較順利的向前奮鬥，現在因此在事實上卻加了一層困難。所以我常奉勸青年，在經濟能力未能獨立以前，且慢實行戀愛，尤其是且慢「結晶」。在做父母的方面，我以為平日對女兒要富於同情心和諒解心，使她就是自己看中了意中人，也膽敢明白詳盡的告訴父母，信任父母肯和愛的指導她，若只不過「怒氣衝衝」，「立刻置你於死地」，使她事事暗中鹵莽進行，反得不到正確的指導，只有越弄越糟。

雖死何憾？

最近引起全世界的傷悼與惋惜，震動德國全境而遺留無限哀思者有一事，即德外長史特萊斯曼之以身殉職。他在已往的六年內，因勞瘁於國事，身體已常有疾病，許多醫生屢勸退職休養，史氏以國難方殷，正在危如累卵的時候，自信挽此浩劫，非彼努力不可，乃以意志戰勝軀體的缺憾，奮勇忠勤，以迄於今。這位在千辛萬苦中以至誠謀國的外交家，簡直是工作到他臨死的那一天。他的逝世是在十月三號晨五點二十五分，在二號那一天，因解決改良失業救濟案，俾免現內閣有瓦解之危，仍全天異常的忙，雖醫生再三叮嚀須在家中休息，史以國事危急，間不容髮，仍力疾到眾議院向各黨誠懇開導，作最後的努力，結果雖然圓滿，當晚十點十五分終以過分疲勞，右身忽然麻木，雖經許多醫生營救達旦，竟於五點二十五分與世長辭，年才五十一歲，遺一妻二子。

以身殉者的種類固多：守財奴以身殉財，登徒子以身殉色，強盜偷竊以身殉贓物，貪官汙吏以身殉貪婪。但是這種殉法，社會固受累無窮，個人在平旦清明時亦常受良知的督責而不免疚心，時在苦惱的境域裡兜圈子，心境永無太平的時候。唯有抓著了一件自信為自己幹得好的，為自己所願幹而有所貢獻於國家社會的事情，聚精會神地幹去，鞠躬盡瘁地幹去，幹到死才撒手，吃力也許吃力些，卻是一人精神上最愉快的事情。一人如抓不到自己值得以身殉的事業，糊里糊塗地死去，寫意也許寫意些，卻是人生一件最不幸的事情。所以我對於史氏之以身殉職，悼惜之餘，只覺歆羨，以為如此死去，雖死何憾？

史氏之最使人感動者，固在彼對於事業之忠誠，尤在彼雖處極艱難的境遇中，終能本其所信而排萬難，冒萬險（德之極端國權黨屢有不利於史氏生命之恫嚇），百折不回的向前去。吾友滄波君論史氏有過這幾句話：「史氏初任外長之時，其苦心不僅不諒於左黨，且不見好於右黨，史氏謀國苦心所得的報酬，嘲訕唾罵以外無他物，然史氏不惜冒萬難以行其所信，不顧毀譽榮辱以成其志。」又說：「史氏之政治生涯，在艱苦憂難中過去，史氏雖未告人無痛苦之感覺，然觀其樂此不倦，實足證明其視痛苦如無睹也。」欲成就多少事業的心願幾於人人有，但畏懼艱苦憂難，一遇艱苦憂難，就要心灰意冷，好像最好有做好的現成的事業可以揩油，或至少也要沒有什麼艱苦而且易於速成的事業做做，這種心理也幾於人人有；所以空願盡多，而成就很少。像史氏對艱苦憂難不但不畏懼，且能「樂此不倦」，「視痛苦如無睹」，有了這種精神，怪不得「至誠所至，金石為開」。

幾個特色

南開大學校長張伯苓氏最近由歐美回國，本刊上期裡曾有一文記述他在海外所得的「深刻的印象」，此外他還談起一件很動人的事情。他說此次在國外遇著一位熟悉東西人民心理的朋友，就他觀察所得，告訴他下述的一段話，使他永不能忘。據那位朋友說，假定有十個西洋人聚攏來開會議，各人對於所討論的問題，盡量發表各人的意見，共同討論之後，總有一個「結論」(conclusion)，這個結論的內容不是甲的，不是乙的，不是丙的，也不是丁的……是由各人參加些彼此的意見，修正些彼此的意見，補充些彼此的意見，治為一爐的結果。會議之後，各人就依照這個公共獲得的結論做去，把各人原有的個人的成見一概丟開。這樣的會議能使與議的各個人得著增加知識的利益，因為獲得許多別人的好見解補充自己的識見，啟迪自己的思考。假定有十個日本人聚攏來會議，便不同了，便不是由人人參加意見，只讓一二特有勢力的人發表意見，多數人則以此一二人的意見為意見。假定有十個中國人聚攏來會議，又不同了，未開會以前十個人有十個意見，會開了之後十個人還是十個意見！同床異夢，各幹各的。

據張氏說他聽了這段裡形容我國人各執私見不肯和衷共濟的話，只有覺得慚愧，沒有話說。這種意見如出於後生小子之口，也許有許多「遺老」、「遺少」要大罵「媚外」或「洋化」，現在出於在中國辦學二三十年老成持重的張老先生，也許值得國人稍稍加以注意吧。

我覺得上面所說的那三種會議，第一種在中國雖非絕對沒有，確是「鳳毛麟角」；第二種在中國似乎不少，不能讓日人專美；至於第三種則為我國大多數會議的一大特色，大值得事事要保存「國粹」者的苦心保存！

據我平日觀察所得，我國的會議除了這個大特色外，在會場上似乎至少還有幾個不大不小的特色：（一）隨意談話有絕對的自由。孫中山先生在《民權初步》裡說「凡研究事理而為之解決，一人謂之獨思，二人謂之對話，三人以上而循有一定規則者，則為之會議」，在我國的會場上，儘管在「三人以上」，「對話」似乎特別的多；他們就是有什麼意見，並不願意做正式的動議，卻情願交頭接耳的亂說一陣，弄得會場上好像聚了一大堆蒼蠅，嗡嗡之聲盈耳，何等熱鬧！（二）隨時發言有絕對的自由。會議時一人發言未畢，他人依例不應插言，這種拘束，在我國似乎太妨礙自由，所以想說話便隨時可以出口，是否有人未曾說完，不必措意，好像他只生著一張嘴，並未帶著耳朵來。（三）有固執的精神。你倘若有所主張，就是錯了，儘管有人糾正，你還應該面紅耳赤，始終表示悻悻然的態度，老實把糾正你的人視為私仇！

無可如何的抱歉

友人葛運成君前在法國專研農科，是一位沉潛篤實的農業專家，主持鎮江蠶種製造場三年，成績卓著，前途發展，方興未艾。我一開端就說這幾句話，並不是要恭維他個人。實有概於晚近士風之日趨浮誇，往往以竊虛名做闊人相誇耀，不肯潛心實學，力務實際，埋首盡力為社會國家做點有益民生的工作者實不多見，故彌覺此種人之可敬可貴。且說這位葛君還是一個幸運兒，因為他的夫人不但美慧而賢，也是一位農業專家（滸墅關蠶桑女校畢業），他自承他的事業有今天的模樣，很靠他的賢內助。（其實也可以說是賢外助，或賢內外兼助。）不過他最近卻發生了一點兒小感觸，原來今年秋季「蠶種」正在開始興旺，亟須她襄助的當兒，葛夫人腹中的「人種」卻正巧也在「興旺」，以致葛君如失左右手，很覺得女子生產不免妨礙他的事業。

他所主持的那個蠶種製造場因需材殷切，於前年夏招了四五十個中學畢業女生，預定兩年畢業，以備共襄盛業，不料未到今夏畢業之期，已有許多高材生因為生得美，陸續被人娶去，本領雖好，嫁後都因家務而不能出來服務；等到今夏畢業後，又有大批帶著本領出嫁的美慧女生，又是一去而不返。葛君雖急得像熱鍋上的螞蟻一般，卻又不能禁止她們「于歸」，只得眼巴巴的望著許多高材生一個一個帶著本領「于歸」而去！

他因此發了幾句憤激的話，說以後招生只得專收生得極醜的大麻子！照他的意思，以後招生資格裡，最好要加上「醜如嫫母」一項資格！這當然不過是葛君的「瞎三話四」，否則任何辦公室裡充滿了許多「嫫母」固然使人怪難受；而葛君自己也何從娶到那樣美的夫人做他的「賢內外兼助」呢？

閒話少說，女子要負男子所不能負的生育責任，確是她們在職業上的一種障礙，尤其是在生產的前後，為時雖不很久，但在此一兩月間，替手難覓，擱置未便，較重要的職務更尷尬，確有使用人者感覺困難之處；至於正把能力經驗訓練得差不多的時候，一旦「于歸」而去，也難免使人感覺許多不便。

上面說的那位葛夫人，正在因「人種」而不能兼顧「蠶種」的時候，有一位朋友對她笑道：「葛先生要埋怨你了。」她笑著答道：「我不埋怨他就夠了，他敢埋怨我！」為民族前途製造「人種」本是一種「合作」事業，誠然誰也不能埋怨誰；不幸身為男子，雖欲分任生產之勞而不可得，只得偏勞女子，真是無可如何的抱歉。我常夢想，要解決這個問題，只得希望醫科學術突飛猛進，最好能憑藉特殊的醫術，做到使得生產好像大小便一樣的便利，至少要使得在生產數小時或一二日後即可行所無事的到辦公室辦公；這種事只得希望醫學專家努力研究。

多麼為國爭光的教育局長！

教育局長總算是一個地方知識界的領袖——至少應該是這樣——他能為國爭光，做知識界的表率，是多麼值得我們的崇敬和欣慰！但是倘若真是這樣，我真要三句並做兩句講，急急忙忙的先把他的尊姓大名和他貴局所在的地址說出來，聊盡表揚以示提倡的微忱；然而我所要談起的幾件事卻使我不好意思赤裸裸的把姓名地址宣布出來，因為要替那幾位有關的局長先生所主持的那些地方留一些臉面，雖然他們自己的臉面也許用不著什麼保障！

且說在今年暑假裡，號稱文化比較的最為進步的某省，有三十幾位縣教育局的局長同往文化自古原由我國輸入，而六十年來因善吸歐美文化利用科學方法而維新振作的東鄰，考察他們所辦的教育。我現在要說的幾件事，就是在這三十幾位局長裡面有幾位由該省北部派出來的所幹的成績。

這幾位局長先生的良好成績有一部分是在輪船上表演的。我國的航業素來發達，他們這次所乘的當然是日本船，船上執事屢次干涉而終屬無效的，幸而不是什麼大問題，乃是這幾位局長先生的大小便問題。原來這個輪船裡太考究了物質文明，裝了潔白燦爛的拉水馬桶，和流著滴滴清水的白磁小便器，這幾位知識階級領袖卻深信大小便是可以隨便的，大便之後拉著褲子就跑，便是便了，水是不拉的；小便的時候總嫌地盤不夠，總是便在器的外面，務使器旁地下多貯些芬芳撲鼻的液體，所以雖說是小便，那小便器卻似乎太小，不夠支配。於是一路上船上執事和這幾位教育家鬧不清大小便的風潮。

還有一部分良好成績是到日本之後，在旅館裡表演的。聽說他們所住的房間倒也還講究，每日需費八元。但是在上面所說的那幾位教育大家，講究反而糟糕，因為講究的房間裡不幸鋪了講究的地氈，他們卻很不講究的在氈上隨便吐痰。旅館執事似乎不好意思直斥顧客，當著他們的臉把服侍的下女（日本女僕之稱）大罵一頓，說她不善收拾，限定立把氈上弄乾淨。一波方平，一波又起，這幾位教育家裡面有一位病了，大吐，吐得滿地都是，此時地氈不地氈，當然更顧不得許多。有病當然可算特別原因，旅館執事只得請求趕緊送入醫院裡去，怎奈這位教育家不知怎地只願請醫生來看，不願進醫院（我國內地原有許多人怕西醫，更怕進什麼醫院），旅館怎肯罷休，相持不已，後來總算我國的留日學生監督覺得再鬧下去更有光榮，用了九牛二虎之力，才勉強把他半推半就的送入醫院裡去。此外旅館夜裡十時以後向例禁止喧譁，這幾位教育家到了深夜偏要破例漲著喉嚨高談闊論，狂呼疾叫，也屢次被那個向未受慣自由幸福的旅館執事所干涉。

這些事實，是這個旅行團中一位局長回來談起的，他恨極了，說以後再和這幾個人出國便是烏龜王八蛋！

夜大學

我有一個親戚在美國專研市政工程，大學畢業後就在美實習，後來在賴依鎮（Rye）任市政副工程師有年，這個地方離紐約城有三十餘英里。他的寓所附近的地方有一家雜貨店（grocery，和中國的洋貨店不同，裡面有菜蔬魚肉等食物出售），這個店裡的老闆有個兒子，年約二十三四歲，每天日裡在他老子店裡拿著菜刀忙著切肉，夜裡便到紐約城的紐約大學裡所附設的夜大學上課。相距三十餘英里的路程，要乘火車來往，每次要三刻鐘始達。他的老子每星期給他二十二元的薪水，一切由他自己料理，使他這樣養成自立自顧的獨立精神。我的親戚因為和他那家店鄰近，漸漸的和這位切肉而兼大學生的朋友相熟了，看他白天欣欣然的切肉，夜裡欣欣然的上課，卻也很有趣味，和他談談，他說過了幾年便可把大學裡的商科課程讀完，畢業後和尋常的大學程度一樣，在社會上的信用一樣。他知道我的親戚也是大學裡出身，說話的時候常有「我們做大學生的……」，說時眼光閃閃，興致十足，自豪得很。一個人有求進步的機會，怪不得他要自豪！

我近來因看了許多讀者的來信，深覺有許多事應該辦，像這類的夜大學，也是在我國應該辦的許多事裡面一種很急需的事情。有許多人因為經濟的壓迫，不得不提早離校任事，尤其是中學畢業的人居多，但是他們欲在知識方面再求上進的雄心卻好像熱火般在那裡燃著。要脫離職業而入校嗎？為經濟所不許。要職業與求學兼程並進嗎？近於中學程度的補習夜校容或有之，要合於大學程度的夜校卻可以說是沒有。要在日間嗎？又為服務時間所不許。要援助這許多有志氣上進的青年或壯年，除了那位切肉朋友所進的「夜大學」，簡直尋不出別的什麼更好的辦法。

上海的東吳法科，差不多是在夜裡上課的，造就了許多我國法界的人材。我就有許多朋友是一面求學一面任事而達到深造的目的。不過該校是限於法科，不近於習法科的人便沒有路走。

我很誠懇的希望上海幾個成績卓著的大學，聯合起來，就一個適中地點的大學裡，開一個這樣的「夜大學」，採用「學分制」，忙一點的可以少讀些，閒一點的可以多讀些，盡可將四年的大學課程拉長，使好學的青年（就是好學的壯年老年也可以）能一面任事，一面更求深造，學費要特別便宜，以造就人材為宗旨，不要以賺錢為宗旨。我深信這樣的「夜大學」一開，一定異常「興隆」，因為能應急切的需要。

上海是「野雞」的製造所，夜裡馬路上有許多可憐的拉人的「野雞」，白天馬路旁又有許多可厭的「野雞」大學。我深怕「野雞」專家聽了區區的建議，也許要開出投機性質的野雞式的夜大學來騙錢，所以最後要鄭重申明，這種真正的夜大學須有嚴格的教授，嚴密的組織，由教育部允許試辦，否則不要上他的當。

不堪設想的官化

近有一天在友人宴席間遇著上海銀行界某君，聽他談起官化的烏煙瘴氣，又引起我來說幾句不中聽的話。

這位某君也者，原是上海銀行界裡一個紅人兒，最近被任為不久即可開幕的官商合辦性質的某銀行的總經理。這個銀行本擬國立的，已有了什麼籌備處，堂哉皇哉官辦的銀行籌備處難免有一個大優點，就是官化！官化的最大優點是安插冗員，養成婢顏奴膝一呼百諾吃飯拿錢不必做事的好風氣。最近這個正在籌備中的銀行招了若干商股，變成官商合辦的性質。在招商股的時候，因為官的信用太好了，恐怕商人不信任而不肯投資，乃用拉夫手段把某君拉去做一個開臺戲的跳加官。某君被拉之後，跑到官辦的籌備處去瞧瞧，但見一切籌而未備，卻用了許多冗員，不但冗員而已，並用了幾十個冗茶房（即僕役），冗的空氣總算不薄，既是搆得上「冗」字的美名，當然沒有什麼事幹，不過一大堆的奔走唱諾而已。某君想不辦則已，要辦只得將官辦的籌備處和要辦的銀行劃開，他不管籌備處，只管依照銀行的嚴格辦法，另行組織起來。有許多冗員來見他，做出做官的樣子，俯首垂手彎背，有椅不敢坐，開口總理，閉口總理，無論何事，不管是非，總是唯唯喏喏連答幾個「是」字。這在做慣了官，擺慣了臭架子的官僚，當然聽了像上海人所謂「寫心」（適意也），不過這位不識抬舉的某君卻只重辦事的真效率，聽了那樣嬌滴滴的柔聲反而覺得刺耳怪難過！看了那樣百媚橫生的姿態反而覺得觸眼怪難受！還有許多人拿著要人的薦條，某君一概不看，有的竟說是部長叫他來見的，某君老實不客氣的說這裡用人是以辦事能力為標準，部長和這裡是沒有關係的。他幾日來天天要抽出大部分的時間來見客，都是要這樣對付一班闊人背後的飯桶，簡直好像和他們宣戰！

有所不為而後有為。某君原有他自己的銀行事業，對於那個銀行的總經理可幹可不幹，所以不為官化毒氣所包圍，那個銀行的前途有些希望，也許就在這一點。

由官化的人物主持的官化的機關，好像霉了的水果，沒有不潰爛的。無論何事，由這種人辦起來，公款是不妨濫支的，私人是不妨濫用的，至於辦事的效率卻是他腦袋裡始終連影子都不曾有過的東西。

中外注目中之嫣然一笑

吾國駐美舊金山副領事高英，因他的賢內助廖承蘇於七月間到美帶了鴉片膏二千二百九十九罐，分裝十一箱，被海關破露，遞解回國訊辦，廖雖力辯係朋友託帶，但箱上都貼有領事館字條，且在箱子被扣之後，高即電伍公使承認箱內有少數毒藥，請求援助，冀求免查，大露馬腳。後經龔總領事詰問，高英夫婦又堅拒將中國及舊金山接洽運輸鴉片之人的姓名宣露，更見心虛。此中外注目之運煙辱國案已於十月十一日下午三時由首都地方法院判決，高英處徒刑七年，罰金六千六百六十六元，褫奪公權七年（內有一小部分係賄賂及偽造護照罪）；廖承蘇徒刑四年，罰金五千元。據當日到庭旁聽的人說，高英聽判後，面容頗露慘淡之色，廖承蘇聽判後則態度自若，並嫣然一笑，她那樣鎮定的工夫，倒也不很容易，如把這樣大無畏的精神用於拚命為國爭光的外交事件上，也許可以幹一番轟轟烈烈引人肅然起敬的事業，可惜用於帶著一大堆鴉片膏，於是乎糟糕！

高英才三十三歲（廖承蘇二十四歲），少年英俊，如說句俗套話，也許「前途未可限量」，如今卻被處徒刑七年，就是旁人還有些替他可惜，獨有他的賢內助還能「嫣然一笑」，這一笑未免令人無從捉摸。

這種運煙辱國的玩意兒，在她雖可以「嫣然一笑」置之，在忝屬同國的人卻有點「泗滂沱」——尤其是在海外的華僑更覺置身無地，因為別國人不管你姓高姓廖，說起來你總是中國人，各西報對此事的大字標題，赫然影片，總是說「中國的領事販土」，使做中國人的看了，心裡實在好過，臉上太有榮光！依國際公法，駐在國對于各國外交官的行李是不應查驗的，此次我們出了這樣高明的外交官，總算利用了這樣的權利！聽說自此案發生後，美國移民局及海關對華人入境，檢查益嚴，上海約翰大學副校長沈嗣良君夫婦適於此時攜子女四人到美繼續留學，上岸時移民局人員以沈夫婦年僅三十左右，未見得生得出許多小把戲（這原是中國人的生殖力，他們也未免少見多怪），竟疑他們販賣人口，欲行扣留，後經再四爭辯，始勉允以千元交保登岸，此千元須沈回國時始發還。他們大概以為中國人販賣煙土的本領不壞，販賣人口的本領也不壞，冤哉中國人也！有人說高英賢伉儷如在國內撒這樣的爛汙，也許還是發財的好機會！

爭氣

《時事新報》最近的〈星期評壇〉裡有這樣的幾句話：「太平洋國交討論會中國代表此次赴日開會，同時得觀察彼邦文物制度，回顧我國現狀，事事難與比擬，曾叩某君對於此行之感想，則答毋須多言，即我國人民事事要爭氣而已。」這「爭氣」兩字真是我國人在今日所應時刻念茲在茲的兩個極重要的字。

最近在日本舉行的具有國際性質而轟動一時的會議，除所謂太平洋國交討論會外，還有一個萬國工業代表會議，各國代表出席者達七百餘人之多，我國亦有代表參與。該會閉幕之後，我國代表原有請他們到中國參觀的計畫，不料久住上海此次也去參加該會的一班碧眼兒大鑿其壁腳，對他們說：「你們用不著去參觀什麼！你如只不過到上海去看看，上海租界是外國辦的，不能代表中國的文化，要末到北京去看看，但是要乘中國和搖籃一樣的火車卻夠難受，而且內戰紛擾，就是能把你們搖到北京去，不知能否如期把你們搖回上海來！在上海看得見的東西，在日本都有了。」經過這一番尖嘴挑撥之後，七百餘位的各國代表願到中國來的只有百餘人，尚有數十人願到東三省去看看的，還由日本派人隨伴招待他們去看大日本在中國國土上經營的良好成績。

這樣鑿中國壁腳的話，做中國的人聽了當然是個個不高興的。但是不高興儘管不高興，而自己不爭氣，處處予人以輕蔑侮辱的口實，卻也應該猛自反省。像上面那些各國代表正在考慮來中國的當兒，正是我國中原戰雲瀰漫之際，能否到北京後如期趕回上海，就是中國代表諸公卻也不敢拍胸擔保！我國代表裡有一位在鐵道部任職的某君回來談起，說日政府送與各國代表每人一張鐵路上用的「派司」，就可通行全國，異常便利，中國鐵道部出的「派司」便不能通行全國，在有的鐵路上便不能「派司」！（「派司」(Pass) 原含「過去」之意。）

聽說日本此次歡迎各國代表的費用共達四百萬元。各國代表既有百餘人要到中國來，上海公私各機關總算顧念到此事和國家在國際上的體面有關，為著招待他們，已很吃力地勉強湊成了五千塊大洋！所以有人說他們少來幾個也好！

倒也沒有什麼希奇

最近在上海聽見麥克唐諾在倫敦談話！驟然聽了這句話，如說句上海白，也許覺得不外乎「熱昏」，其實說穿了倒也沒有什麼希奇。

最近讀到一篇英國現代戲劇家及批評家蕭伯納氏對全英國講的關於民治主義的演說辭，他演說時劈頭就說出這一大拖的稱呼：「諸位陛下，諸位殿下，諸位總主教和牧師，諸位爵士，諸位太太小姐和先生，全國的同胞諸君。」他如在文字上這樣稱呼原不足奇，因為這許多人也許可以各歸各的讀他的文字，但他卻是張開嘴這樣的叫著，這個老頭兒（蕭今年七十三歲）似乎有些老熱昏！可是並非，因為他的話是由無線電播音傳出去，英國人家差不多都置有收音機，所以他一張嘴確可同時對全國許多人談話，全國許多人確可同時聽到他的一張嘴在那裡談話。

同時張開嘴對全國人談話有什麼希奇？現在竟可在歐洲張開嘴對全美洲的人談話了。最近世界各國替美國發明家愛迪生舉行電燈發明五十週年紀念，當舉行紀念的那一天，德國物理學及天文學家安斯坦在柏林張開嘴為愛迪生致賀詞，就立刻由無線電播音超越大西洋而傳到全美人士的耳朵裡去。

這樣看來，英首相麥克唐諾雖在倫敦，在上海聽他談話便不足奇，況且我是最近在一張有聲電影片上聽到，更不足奇。不過那天親耳聽他說的幾句話倒很有點意思。他談時的態度很從容，聲音很沉著，說過這幾句話：「……我國（按此係對別國聽眾稱英國）現有許多重要困難的問題要待解決，我們要盡力做去，我所要努力的是要使我將來卸任時的英國比我接任時的英國好……」

人生有涯而人群的進步無窮，我們只望能把在我們手上做的事做得好；有一天給我們做的機會就一天不放鬆，就一天「要盡力做去」。我覺這種態度最好。就是世界上科學方面許多發明的驚人成績，也何嘗不是由許多人的這樣的精神聚積而成的？

老頭兒說老話

高壽九十的馬相伯先生在我國總可以搆得上尊一聲「老頭兒」了，聽說有一次某處開會紀念孫中山先生，請他老演說，讀總理遺囑的時候，全體起立，他仍舊坐著，說中山是我的老朋友，是我的老弟弟，可以恕我的。這並不是他老有意犯什麼反革命，就是孫總理在天之靈真是親身到了，看此「天下之大老也」的一位馬老，想起來一定也要冥冥中向他點首致敬的。這位馬老先生，卻不是「馬齒徒增」，並是一位有名的演說家，而且聽說我國人精於拉丁文的，除了至死拖著辮子的辜鴻銘外，碩果僅存的就是他。

在本年十二月十三日，有許多朋友替他慶祝九秩壽辰，這位老頭兒說了幾句老話倒也饒有趣味。他說他十七歲到上海的時候，一隻雞蛋只賣一個錢，拿出五個錢到小菜場去買菜，就可以過節；一擔米只賣六七百文；道光二十九年鬧著空前大饑荒，一擔米賣到一千二百文，大家已經叫苦連天，詫為奇事！這幾句老話當然可以反映目前生活程度之高得可以，不過我們如想到文明愈進化，生活程度亦愈高，各國如此，原無足奇，最可慮的是生活程度儘管繼長增高，而全國的生產力和個人的入款率卻不能跟著跑，人人覺得入不敷出，苦不堪言，便是社會杌隉現象之所由來。

馬老先生還說了幾句話，不是有趣味，卻含有使人受著很大刺激的辣味。據說他初到上海的時候，所謂租界也者不過是洋涇浜一帶，現在我們所看見的南京路在當時還是一片荒涼，壘壘墳地；所有的巡捕不過十六個。後來他就活著眼巴巴的看見租界的圈兒一年比一年的大起來，大到如今的田地。我以為他這幾句老話至少含有兩點意味：（一）我國的荒涼墳地給人家拿去了便變成如今的繁華市場；（二）我國人在此數十年中竟好像蒙在被窩裡睡覺，讓租界的圈兒儘管一年比一年的大起來。我們的民族意識這樣的強烈，怪不得最近有一位旅滬外僑名瑪立遜也者竟在《大陸報》上大提倡索性把上海租界南市吳淞以及近郊各地「一摑括之」收租價五萬萬兩，通通送給外國人。可惜他竟未提倡把中華民國送掉，那豈不更為直截了當！

校長供開刀

進過老式私塾讀書的人，大概總讀過兩句文縐縐的話，叫做「文章教爾曹，唯有讀書高」。現在的學問有了各科的專門，就是種田煉鐵造房子開汽車等等都成了學問，不是僅僅能夠胡謅幾句「文章」便算有了天大的本領，這固然是不消說的；不過覺得「唯有讀書高」而蔑視勞工神聖及努力工作自助的錯誤心理，仍是很難洗滌得乾淨。老友劉湛恩先生現任滬江大學校長，對於他自己頭上那幾根頭髮向來是很隨便的，但是往往採取放任主義，沒有工夫使它怎樣整齊。前天他來晤談，我瞧見他頭上那漆黑一團的東西卻修得很整齊，梳得很平服，問後才知道他是剛破鈔了五塊大洋請他校裡的一位高足開刀的。原來他校裡有一位同學王瑞炳君清寒好學，當他未入滬江之前，在某處擔任小學教員的時候，當作玩意兒的學會了剪髮的技能，近因困於學費，有志努力自助，劉先生聽他有這樣的本領，便慨然把他自己的一顆頭給他實驗，結果非常滿意，並未曾累他頭破血流，劉校長於驚喜之餘，獎借有加，欣然從腰包裡挖出亮晶晶的東西五塊，送他作為開刀大吉的賀儀，聽說王君現在生意興隆，頗可藉此自給。我們覺得劉先生之不惜大好頭顱，積極提倡有志青年之努力自助，及王君之毅然操刀一割，一洗尋常讀書人輕視勞工的惡習，都值得我們的敬佩。

劉先生的夫人王立明女士對家務全用新法，諸事躬親，對於社交也很注意，他們伉儷因常請朋友聚餐，忙不過來，特招請本校學生中之願任堂倌者相助，每小時工資兩角半大洋。招了許久，學生中對於堂倌一職究竟有些羞答答的未便走馬到任，但最近居然也招到了一位。聽說該校對於學生自助求學，提倡不遺餘力，以上兩事不過是兩個例子罷了。

我覺得這種事情，物質上的報酬尚在其次，而鼓勵自立的精神，實含有很大的價值。講到這一點，我覺得陶行知先生做過的一首白話詩很有點意思：

滴自己的汗；吃自己的飯。

自己的事，自己幹。

靠人，靠天，靠祖先，都不算好漢。

矮弟弟也有刮目的時候

關於去年十一月初旬在日本開的萬國工業會議，本刊上期及本期已有文述其梗概。在下的朋友裡有好幾位參加這個會議，據說中國派出的代表到各處參觀，反較英美等國的代表來得自由，這並不是日本當局真正實行他們所時常掛在嘴上的「親善」，卻是因為他們雖然進步，還有地方不願意給英美人看見，所以對於英美等國代表的參觀處所不得不有相當的限制。對中國人卻不在乎，只覺得中國人樣樣不及他們，隨你看！換句話說，中國人全不在他們的眼裡就是了！但是不在他們眼裡的中國人現在居然也有一件事使我們所感激的十分親善的矮弟弟不得不刮目相待，我安得不於抑鬱煩悶中伸眉吐氣來談他一談？

我們這位矮弟弟刮目瞧什麼？睜著眼注視我國鎮江的蠶種事業，尤其是葛運成君所創辦的鎮江蠶種製造場。該場對於蠶種積極改良，成績卓著，兩年前出蠶種僅三萬張，前年出十萬張，去年出至四十萬張。（每張可出二十斤繭子）在日素以蠶種著名的片倉制蠶會社所出蠶種最近與鎮江種同時運到無錫，因長途運輸不得法，遠不及鎮江種之優良，大失敗而去，聞今秋將以商用飛機運華競爭。日本蠶種學權威倉澤運平氏遊歷各國參觀研究，名滿全國，前年我國某君往日調查蠶種事業，倉氏輕視中國態度現於辭色，去年一月間來鎮江參觀之後，回國作文警告日本全國須注意中國的鎮江！鎮江有荒山萬餘畝，種桑畜蠶大有遠大前途，怪不得他要駭怕！最近之《農業週報》及日本報上亦載有日本全國注意鎮江的消息。但卻聽說我國有兩省官廳最近竟各花費了一萬圓購買東洋蠶種，替他們推廣生意。總算熱心難得！

中國自一九〇五年後，即將對外輸出生絲之首席地位客客氣氣的移讓與日本，又自一九〇五年迄一九二八年，中日兩國絲產輸出額，遞差至一與四之比，即中國輸出十三萬餘擔，日本輸出五十三萬餘擔。現在中國只稍稍有一些進步的樣子，即引起他們的大驚小怪；至於他們如何進步，我國人不知有多少注意，也許還有人充耳不聞！我們的大本領是弟兄們自相殘殺，爭權奪利，搶來搶去，只不過這一點兒可憐的東西！

民窮財盡中的闊現象

近有一天上午送一位朋友到北站去乘九點零五分的京滬特別快車。我們趕到車站的時候是八點鐘，自以為還不算遲，但是勉強買到了票子卻幾乎乘不著車子，最大的原因就是我這位朋友自己沒出息，做了一個平民，不是什麼闊人。換句話說，因為他只預備乘三等車。我當時定睛仔細一瞧，才知道那個火車龍頭所拖著的十一節車子，頭二等車竟占去了八節，三等車卻只有三節，所以三等車裡特別塞得厲害，如果不是瞎子，似乎可以看見已購三等票的人只有三分之二的模樣勉強塞在裡面，約有三分之一的人還拿著票子在月臺上兜圈子，或是瞪著眼睛發呆，苦於沒有一塞的機會！其中有幾位仁兄在鐵道當局看來也許要算激烈分子，因為他們竟敢老不客氣的嘴裡嚷著何不把站長拉出來打一頓！（其實此事不能全叫站長負責，站長也是一個可憐蟲，就是把他打死也無用。）這雖是少數人一時憤激的話，但是在躬逢其盛的我，默察當時許多平民乘客的苦臉，好像都有同樣不平的心理。平民無權無勢，似乎是最易欺侮的，但是平民的不平心理卻也是最可畏的，鬱積既久，必有爆發而不可收拾的日子。可惜這種不平之鳴不是大人先生的貴耳朵所聽得見，或雖聽見而仍置之不聞不問，因為這種苦頭橫豎不是他們所享受得到的！

再進一步說，頭二等多而三等獨少，正可以表示闊人數量較前突增，未嘗不是於民窮財盡中略爭國家無上的體面！據報紙所傳，京滬、滬杭兩路車票原有頭等減價二三等加價之擬議，或許也是出於要想提高國民經濟地位的苦衷，以後那個火車龍頭所拖著的車子索性盡是頭等，豈不更闊？

據本刊法國通訊所說，巴黎通達各村的鐵道，不但早晚特為工人增加車輛，並有廉價的常期票及來回票；日本政府自「獅子總理」上臺後，雖大行其所謂「緊縮政策」，但據本刊日本通訊，則已定於本年四月一日起將火車票減價，以便平民。他們竟不明白提高國民經濟地位的道理，真有點令人不懂！

五國海軍會議與中國

世界所注目的五國海軍會議（英，美，法，日，義）已於上月二十一日在倫敦貴族院之皇家畫院開幕，這個會議原以減縮海軍為號召，故有「海縮」會議之稱，但有一點卻別饒意味者，即在此以減縮海軍為號召的會議中，各國全權代表演說卻無一個不大說其海軍對於各國之重要。英代表麥克唐諾說得最激昂，他說：「若英國國民而至不得使用海軍力，則只有餓死一途耳！」我們很可想見這位英首相急形急狀的神氣。美代表斯蒂生（美國務卿）說得比較的滑頭些，他說：「關於美國海軍之需要，我今日不擬作任何聲明，種種均為人所熟知。」此所謂意在不言中！法代表達迪（法內閣總理）因欲力爭法國海軍之重要，好像大背其地理教科書，他說：「法國海軍需要所根據之地理……殖民散布全世界，航線共長有三萬三千八百五十海里，本國與領土海岸線共長有八千一百零九公里。」日代表若槻（做過日本總理大臣）說：「……防衛帝國須保持敷用之勢力。」意代表葛蘭蒂（意外相）也爭著說：「意國在事實上與無有原料物之島國相等……故『海為吾國之生命』一語，非過言也。」照他們各位大代表的說法，簡直不但不宜「縮」，還宜「伸」一下！但既是以「海縮」為號召，不得不略在「縮」字上做點工夫，於是大家說「縮」不打緊，不過要以能使國家安全為至少限度。

這個會議原是所謂五大強國鉤心鬥角的勾當，我國是局外人，似乎用不著瞎起勁，但是我國也是太平洋岸上海岸線特長的國家，他們對海軍之重要和海軍須以能使國家安全為至少限度，說得天花亂墜，在我國也未嘗不可一樣的爭說幾句，不過因我們是「弱大」(現在盛行的名詞是「弱小民族」，中國並不小，似乎只好叫「弱大」)，並不把請帖送過來；但是他們儘管不請，我國人卻不該因此而絲毫不動天君。

據《密勒氏評論報》載，我國做過海軍總司令的杜錫珪氏旅行海外，最近在美國華盛頓語該國新聞記者，說他將赴英觀察海軍會議，如各國此會失敗，中國須立即增強海軍云云。中國海軍之需要增強，原來要等他們此會失敗！可見他們此會如果成功，中國便無須靠海軍自衛！

烈士倒楣

孫中山先生在《民族主義》第二講裡說過：「中國已經受過了幾十年經濟力的壓迫，大家至今還不大覺得痛癢，弄到中國各地都變成了列強的殖民地……中國人從前只知道是半殖民地……殊不知實在的地位……應該要叫做次殖民地。」這是多麼痛心的話！依最近的事實說，就是做這樣「次殖民地」裡已經浩然死去的烈士也竟然免不掉倒楣，這更是何等痛心的現象！

例如在札蘭諾爾為國拚命抵禦俄軍而陣亡的我國旅長韓光第君，其屍體本無下落，最近始悉防俄陣亡官兵均經俄軍督飭華人掩埋於附近札蘭諾爾煤礦礦坑之內，以每百二十人為一堆，韓君也被他們胡亂的堆埋在裡面，經設法尋獲，而俄人所把持的中東鐵路竟不准撥車運送。札蘭諾爾固屬黑龍江省，不能不說是中華民國的國土，但是中華民國的烈士在中華民國的國土內，屍首胡亂地丟在坑裡，尋了出來，還不得由在中華民國國土內的鐵路上運送！

再講到將近五週年的曾經轟動世界的五卅慘案，一月二十五日竟受上海公共租界工部局的撫卹金十五萬元，由五卅烈士公墓董事會領收，死者家屬每人二千元，傷者每人五百元，其中尚撥去七萬餘元彌補董事會建築五卅烈士公墓時墊用之款。據說被難家屬及受傷殘廢同志異常困苦，雖於去年九月間由國府撥款一萬元救濟，杯水車薪，倒懸難解，由董事會諸公向工部局一再交涉，始有這樣的結果。人說「怕窮不怕凶」，在董事會諸公固然也可侃侃然提出他們的苦衷，以為十五萬元總比一萬元多些，窮到這樣的地步，即「嗟來之食」也不得不厚著臉皮接收，而且得了人家恩賜的錢，還不得不厚著臉皮說什麼「為表示合作，該項恤金應予接收」。但是無論如何，不得不說中華民國的烈士死後屍體的埋葬以及被難家屬的救濟，都還靠致死者之慈悲憐憫，恩賜撫卹，這總算是中華民國全國人的一件不要臉的盛舉！諸位烈士死若有知，我想只有聚首痛哭一頓！

大光明中大不光明

上海有影戲院名大光明者，二月二十二日發生一件大不光明的事情——其實在下對這件事恭維之曰「大不光明」，不過要針對大光明的嘉名，使名實相符的程度特別顯明罷了，論到這件事的性質，簡直是十全奴性的十足表現，卑鄙齷齪鮮廉寡恥到了極點，「大不光明」四字未免過於客氣，我實在覺得有點抱歉！

這件事的原委，詳見洪深君寫給上海特別市黨部執委會的呈文（見二月二十四日《新聞報》），及他在同日《民國日報》上發表的〈大光明戲院喚西捕拘我入捕房之經過〉一文，茲為便於評論計，再簡要的略述如下：上海的光陸和大光明兩戲院開演羅克主演的《不怕死》有聲電影，裡面捏造中國人綁票販土怯懦種種醜態，盡量形容不怕死的羅克處處制勝怕死的中國人。現任復旦大學、暨南大學教授曾在美國專研戲劇的洪深君適在大光明看見此片，激動義憤，對觀眾作激昂慷慨的演說，表同情者紛紛退票，該院大股東兼總經理潮州人（潮州仍屬中國版圖，特此鄭重附註！）高鏡清竟指使其所僱用之西人經理將洪君揪入經理室裡面毆擊，並喚西捕將他拖出該院，拘到捕房裡去管押，可惜捕房尚未能體貼入微，當夜即釋。

此事至少有兩點值得特別的注意：（一）外人之捏造誣衊，固屬可恨，然以本國人而憑藉外勢以侮辱欺凌本國人，更屬無恥之尤，應為國人所同棄，鳴鼓猛攻，不稍寬假，庶幾可使只要錢不要臉，至於協助外人侮辱自己民族，憑藉外勢欺凌本國同胞的厚臉專家，亦不得不稍稍顧到只要錢不要臉的無恥勾當實可為而不可為，替民族精神略留生氣。有人說大光明因在美領署註冊，是受大美國國旗的保護，當然不屑受青天白日旗的庇蔭，故所謂總經理也者雖不幸做了中國人，實可自命黑髮黃臉的大美國人，現在僅僅開演侮辱中華民族的影片，放出一點兒欺侮中國人的威風，已算是特別克己！（二）「明哲保身」教人怯懦畏懼，實養成今日不痛不癢的麻木國民，現在我們要提倡為正誼公道及民族前途就是死也不怕的精神。我因此對洪君此事乃不勝其佩仰，當日尋不著他，翌日一清早就跑到他家裡去慰問，並面致我十二分的敬意。

硬

遠在歐洲的巴黎最近發生一件有關中國的不大不小的事情。巴黎有一個受國家津貼的私家劇院名叫 Antoine，近演一劇名《上海》，歷演中國的惡習，如男子多妻，女子纏足，上海野雞，以及吸鴉片等等的醜態，窮形盡相，不堪注目。其實各國各有其光明方面與黑暗方面，各國國民自己所應努力者誠宜增加光明而排除黑暗，然號稱友邦而竟容許如此侮辱他國，誠屬莫大之遺憾，不過我這篇拙作不是給法國人看，此點姑不贅論，我們所尤為痛心者，是扮此劇主角竟為一巴大法科中國留學生吳某，並有華工數人參加表演。少數華工或為生計所迫而幹此不要臉的勾當，吳某則為一廣東某資本家的「小犬」，且為官費生，喪心病狂，一至於此，真是罪不容誅！事被一部分中國留法學生所知，大為憤慨，即請駐法公使高魯氏設法將他驅逐出境。高乃請該院經理聚餐，商請勿再續演此劇，該院竟置之不理，在他則白吃一頓，在高則白說一頓，在愛國志士廣東同胞吳某則仍在該院做此劇的主角！總之中國的一個公使硬不過法國的一個劇院經理就是了。

有一部分留法學生因此事恨高之太無辦事能力，曾集會反對他。在高身任公使，倘能略有外交手腕，誠然未必絕對沒有辦法，不過我們試平心靜氣想一想，假使他對法政府提出抗議，也碰著一鼻子的灰，他能再硬出什麼來？

近傳白俄領袖庫迪柏夫將軍在巴黎被蘇俄密探綁去，巴黎輿論激昂，法總理達迪（或譯泰狄歐）表示如眾議院欲因此事與俄絕交，他準備執行，叫蘇俄駐法大使下旗歸國。這是法對俄的硬的表示。

我國驅逐東鐵俄局長出境時，似乎也硬了一下，但後來因為和號稱羅宋飯桶（上海人對俄人上的徽號）打個平手而不可得，於是在伯力會議大「不力」，硬不起來，蔡運升的「運」氣也「升」不起來，現在雖改派莫德惠去，能否不至「莫得惠」，還很難說。

儘管在國內你打我攻，硬不到那裡去！要像孫中山先生在《民族主義》裡所謂「結合四萬萬人成一個堅固的民族」，對外硬得起來，才不至人為刀俎，我為魚肉。

勉強以笑顏表示歡迎

曾被我國驅逐出境的中東鐵路俄前局長葉木沙諾夫因恃蘇俄的武力為後盾，又榮任該路的副理事長了，雖張學良聽到這個消息時為之大怒，曾面斥蔡運升，但大怒隨你大怒，現在這位盛氣而來的副理事長卻已大踏步的到哈爾濱準備走馬上任了。當然！他是由不願運送中國烈士韓光第遺屍的中東路特掛專車迎接到哈的，到的那天，路局及蘇俄在哈各要人連同俄僑到站恭迎者約五六百人，我國亦到有理事李紹庚，郭福綿，沈瑞麟，監事長劉澤榮，華副局長郭崇熙，督辦公署參贊金榮桂，及各處華處長約三十餘人。車停後，歡迎的俄眾即高呼，我國各當局在此高呼聲中亦跟蹌著勉強以笑顏表示歡迎。葉下車後即高視闊步入貴賓室，稍憩後即乘車赴俄領事館。

歡迎本是愉快的事情，否則何「歡」之有？歡迎而以笑顏表示，更是「歡」之至，否則「笑」從何來？但是出之於「勉強」，則「歡迎」之「歡」中實含著無限的慘苦，「笑顏」之「笑」中實含有無限的傷心淚！既慘苦而尚須勉強作歡聲，既傷心而尚須勉強作笑顏，此時精神上的痛苦實比千刀萬剮還要難受！

倘若你勉強以笑顏表示歡迎，而受者還有幾分看得起你，猶可說也，但諸君總還記得，在我國喪師辱國，俄人氣焰萬丈之後，有一次開理事會，俄方理事達尼列夫斯基竟面辱華理事，罵中國人都是飯桶。今以被人當面罵為飯桶的資格，即勉強以笑顏表示歡迎，在那位「高視闊步」的「貴賓」，不但不領情，還要視為飯桶的一種舉動，豈非冤上加冤！

我們想起狗心狼肺不惜賣國稱帝的袁世凱時代，小賊曹汝霖承袁意旨，奔走東交民巷，討論二十一條件，被日使館參贊小幡頤指氣使，怒目咆哮，曹股慄震恐，對賣國條件二十一條「欣然承諾」，如今勉強以笑顏歡迎的袞袞諸公尚未「欣然」而還知道「勉強」，總算猶有一些「羞惡之心」，據說由俄歸國的華僑均鳩形垢面，衣不蔽體，對人述及俄方虐待，至於淚下，現在袞袞諸公尚有勉強笑顏以表示歡迎的機會，尚得瞻仰「貴賓」的「高視闊步」，榮幸多矣！

匪首的思想

去年十月間聚眾作亂，攻陷溧陽縣城的大刀會匪首蔡老五被上海特別市公安局在滬拿獲，已於三月十四日在鎮江由省會公安局執行槍決。該匪臨刑時態度很從容，並要求三條件：（一）代購棺木收殮；（二）不可稱匪首，可稱改組派；（三）一切均須優待。

羅克在《不怕死》影片裡盡量形容中國人就是做了強盜還是異常的怯懦，這大概是他只見過他本國人做強盜時的實際情形，講到中國的強盜，「臨刑時態度很從容」，我們在報上卻時常可以看見的，並不限於這位蔡老五。有許多人幸而活著的時候，往往好像面皮可以不要，心肝可以沒有，到了將死的時候，卻想弄一副上等棺材睡它一下，對於自身又好像很愛惜似的，這種普通心理也並不限於這位蔡老五。所以這些都不算奇特，初視覺得不免奇特者有兩點：一點是他明明做了匪首，卻「不可稱匪首，可稱改組派」；還有一點是他做了強盜，還要一切均須優待！但是我們再仔細的想一想，又覺得這位老五的思想卻也不算怎樣的落伍，也許還是切合潮流的識時務的話——倘若所謂「潮流」是指現在實際情形的意思。

試先就第一點說，現在潮流是重名不重實，顧嘴不顧心，尤其是一班武人政客，或自命要人，看他們的通電，那一個不慷慨陳辭，太息流涕，像煞個個都是愛國志士，各有其堂堂皇皇的話說，其實嘴裡喊著遂我初服，就是表示絕不願走的意思；嘴裡唱著寶愛和平，就是表示決要搗亂的意思。至於臧否人物，更無是非：今天用得著你，恨不得把你捧上天；明天用不著你，便把你罵得狗血噴頭。擁護與打倒的意義，易時以觀，簡直是差不多！「不可稱」和「可稱」本無多大分別！在老五原可隨意。

再就第二點說，括了一票的軍閥官僚儘管到大連去置產享福，國民無法制裁，固是「優待」；戴著假面具而撈一票，或尚在撈得津津有味的人，也是宮室之美妻妾之奉的大享其福，國民不敢顧問，也是「優待」。他們的心術與行徑同是強盜，不過有明暗之分而已，那末老五要求「一切均須優待」，何嘗思想落伍？

熱烈後的靜思默念

三月二十九日全國各處開會憑弔黃花崗七十二烈士，其熱烈的概況，想國人此時腦際尚縈繞充盈而留著無限的悲慨。以諸先烈臨難之勇，死義之烈，其精神所感召，固不僅辛亥革命之所由成功，即中華民族前途之尚有復興之希望，亦全恃此種精神之能發揮光大，深入人心，故在這一天國人掬誠灑淚紀念追悼諸先烈，誠然是極應該的，但除實際紀念追悼的時間外，我們就是未得為國拚死的機會，也應該痛念諸先烈之慘苦而不敢自貪安逸，特別要努力於分內應做而尚無須如諸先烈那樣慘苦的工作才是，但在事實上卻大多數乘此機會休息一天，甚且有人空得難過，不免到遊戲場或戲院裡去走一遭，這也算是諸先烈斷頭折臂血肉橫飛替他們造成的機會！

在此次熱烈紀念追悼的那一天，我覺得在許多演辭裡有幾句話特別值得我們在熱烈後的靜思默念：一是在南京中央黨部開會時，胡漢民氏謂：「此役犧牲的諸烈士純粹抱犧牲決心，而生死利害之念早已拋棄，因此始能感動全國，滿清以倒，民國成立……我人除追悼之餘，並當紀念諸烈士拋棄生死利害之念與純粹犧牲之精神。」一是在上海特別市黨部開會時，潘公展氏謂：「現在本黨的同志有多少……為什麼現在的統一是假的……大眾都要痛切的自己引責……」

我在熱烈後不免這樣的靜思默念著：諸先烈甘受奇慘酷刑，所為者何事？絕非要製造若干禍國殃民的新軍閥新官僚，無非希望「大有補於全國同胞也」（林覺民烈士臨死遺書中語），但是現在「全國同胞」卻水益深而火益熱，天災兵匪，暴將貪官，真達到了「生民塗炭」（龐雄烈士供詞中語）的目的！「利祿薰心，血液已冷」（陳可鈞烈士臨死叱清吏語）已成普通現象！至在「國事方殷，生民塗炭」（均龐烈士語）中，卻先有了百萬圓一座的官舍，四萬圓一對的石獅子，四百兩一張的辦公桌，一萬圓一件的女外套，二十五圓一雙太太的襪子……這些都是「純粹抱犧牲決心」的諸先烈所夢想不到的！造成這類好現象與容忍這類好現象的人，試哀念諸先烈之斷頭折臂，血肉橫飛，安忍而不「痛切的自己引責」？

窮光蛋的公道

「君子固窮，小人窮斯濫矣」，「濫」字的意思，說句國語便是所謂「亂來」，說句上海白便是所謂「撒爛汙」。撒爛汙的窮光蛋不希罕，窮光蛋而能主持公道似不多見。中國是個窮光蛋的國家，這雖是我們做中國人的人所痛心疾首，說起來不免難為情的事情，但事實擺在你的眼前，卻也無可諱言。現在奉陪中國做窮光蛋的還有一個德國。依我們在中西報上時常看見鬧得天翻地覆的什麼「楊格計畫」，德國因在世界大戰中吃了敗仗，除從前已依「道威斯計畫」，好像抽筋剔骨的榨給協約國許多萬萬的馬克外，今後還要分五十九年償還賠款總額一千二百萬馬克（最近每馬克約值我國銀六角五分），可見德國窮光蛋的資格總算不小，但據最近遊歷歐美剛才回國的陳光甫氏談起他此次到德國時適遇德國國會通過處置前德皇威廉第二私產的議案，不勝讚嘆德國當道不肯濫用權力去打「死老虎」，不肯違法侵犯個人的私產，因為德國雖窮到那樣田地，該案卻建議政府不應沒收威廉第二的私產，提出時竟無一人反對而得全體通過。

威廉第二窮兵黷武，弄得德國喪師辱國，至今未脫困境，他的私產應否充公，此問題非本文所欲論，但在德國國會既認為私人財產不應侵犯，即能毅然主持公道，絲毫不存藉故敲詐的念頭，卻未嘗不是窮光蛋的公道。我以為德國雖不幸做了窮光蛋的國家，而國會尚能如此主持公道，並非有所私愛於威廉第二，實代表德國國民具有不許國家有撒爛汙行為的能力——也就是具有不許國家有違法行為的能力。一國的治亂常視全國上下能否守法為轉移，國民有不許國家有撒爛汙行為的能力，然後各個國民才能獲得法律上的真確保障，故德國代表一般國民意志的國會，視國家法律之神聖不可侵犯而當積極的保全，其可貴實勝於唾手可得的倘來的巨大財產萬萬，此其動機當然和少數人之目無全國福利，徒知暴戾恣肆而以趁火打劫為自肥妙計者迥異。據北平近訊，河北民眾紛紛呈請緩徵騾馬車輛糧草用品，哀訴去年天災歉收，益以苛捐雜稅，實已苦不堪言，現當春耕，需要種子牲口，哀求停免徵發。哀求饒命，但哀求儘管哀求，徵發儘管徵發，這是中國國民所能表現的不許國家有撒爛汙行為的能力！

姑作未來的樂觀

我國時事除使人悲哀憤慨外，很難得著別的什麼感想。記者近來覺得常作愁眉哭臉，徒然彼此寡歡，很想尋些可以勉強樂觀的事實來與國人勉相慰藉，可是尋來尋去，終無所得，只有姑作未來的樂觀！

濟南慘案國人總還記得，當時山東的張宗昌抵抗革命軍，日本忽派著艦隊來，省長林憲祖總參議師景雲總參謀長金壽良等恭恭敬敬的在衙門裡大舉宴會歡迎，這原是狼心狗肺的軍閥和卑鄙齷齪的官僚幹的好事，聽說當時還是他們暗中請來阻撓北伐義師之北上的，那更是喪心病狂到極點了！不料最近日艦隊又到我們國境裡來自由行動，他們的水雷戰隊軍艦十六艘竟於四月初旬自由巡視長江，還覺未能稱心，並由該艦隊司令官後藤少將電約赴青島大連的第一艦隊於十六日起同到我國舟山島附近（屬浙江定海縣）春操兩天，此次參加春操的日艦共有四五十艘之多，總算耀武揚威得夠了！

這種目無中國的豪舉，在我國國民方面誠如蘇省黨整會呈請中央黨部嚴重抗議中所謂「痛五三之碧血未乾，複目睹日艦猖狂之甚，憂心如搗，難安緘默」，更何樂觀之可說？但我們如不忘歷史所昭示的事實，也許可以姑作未來的樂觀。

我們試回想距今七十七年前，日本尚在倒楣的時代，美國使海軍中將陂理（Commodore Perry）往逼通商，陂理欺日本之為弱國，橫蠻暴戾，肆無忌憚，率艦隊自由深入日本海灣，不聽阻止，遇船亂撞，艦上水手皆肩荷利槍，時發空炮，煙蔽近岸，聲震如雷，以當時未曾夢見過什麼軍艦，完全不知軍艦為何物的日本，為之驚惶失措，民氣激昂，全國沸騰，自此力圖自強，以有今日。我國現今國民既不像當時日人之那樣十足的「阿木林」，觀全國各地黨部及民眾團體之紛起反對，民氣也未嘗不激昂，但望勿作一時之興奮，則受此重大刺激，忍辱負重，力圖振作，國家前途未嘗沒有自強的希望，我所謂於無可奈何中也許可以姑作未來的樂觀者就是想到這一點。

壓倒

據最近日本報載，紐約對華絲之消費十七年度僅四萬四千二百零十包，十八年度（去年六月至今年三月）達六萬六千七百二十九包，即華絲對紐約輸出十八年度較上年度增至百分之五十強。講到和上述相同期間美國之日絲消費，十八年度四十四萬零六百四十八包，比較上年度之四十三萬三千六百八十三包，僅增百分之一點六，百分之一點六和百分之五十強一比，怪不得向來不把華絲放在眼裡的日本蠶絲業界也不得不感覺恐怖，認為「實屬可驚」。據他們所研究，以為華絲最近輸出之頓形增加，重要原因有三：（一）銀市大跌，（二）華絲生產增加，（三）華絲品質向上。我以為銀市大跌不過是偶然的機會，華絲生產增加和品質向上倘能繼續的努力，才是腳踏實地，有恃無恐，因為天下只有具有實力的事情才能永久不敗。記者執筆作此文時，見報載中國合眾蠶桑改良會有蠶業專門學校之計畫，經費由教育部省政府及絲商分任，由專家葛敬中君籌辦，限七月開學，能如此積極研究，學術與實行兼程並進，倘能持以毅力，堅忍進行，成功可操左券。

某報轉載上段所述日本報消息，標題謂〈華絲壓倒日絲〉，我以為我們只求「勝過」而不求「壓倒」。只求「勝過」者不忌別人之優越或進步，但力求諸己，務求比別人更優越更進步；只求「壓倒」者則但處心積慮希望別人之退步而自己可藉此懶惰。其實別人之退步與否，其權仍操之於他自己：他如能奮發向前精益求精，便自然能向前突飛猛進，我們雖處心積慮希望他退步，於他實際是絲毫無損的；他如龐然自大，半途自畫，我們雖不望他退步，他也不得不自己跌到退步的境域裡去。講到我們自己方面，能否「勝過」要看能否進步，能否進步要看我們自己肯否努力，肯否繼續不斷的努力，絕不在乎希望別人的退步；猶之乎要自己長壽全在自己肯設法增進健康，絕不在乎默禱別人之短命早死。

我以為不僅在國際事業的競爭上面我們應特別注意這種力求諸己的努力精神，即退而想到國內的各種事業，這種精神也是非常重要的，倘若自己不想進步而只一心一意的想把別人「壓倒」，別人未必倒而自己先往後退。我們當知只有力求諸己的努力始能立於不敗之地，所以無論對外對內，都要存心只求「勝過」而不求「壓倒」。

莫德惠勉任艱鉅

蘇俄對付我國東北之橫暴，這是我們在去年領教過的：在伯力會議之前，他們一面嘴巴上贊同進行和議，一面還在滿洲裡橫衝直撞；最近將在莫斯科舉行中俄會議之前，俄軍仍在滿站鳴炮示威，華僑仍未盡釋，且加虐待。我們從種種已往事實看蘇俄，很可明白他們是全以武力恫嚇為得意的手段，簡直無理可說。我們素以酷愛和平自豪的中國國民，對外有不得不飲泣吞聲但求和平之勢，雖不欲酷愛和平而為勢所不許，所以我近來每聞有人仍提起中國國民向來酷愛和平云云，只有面紅耳赤，覺得無地自容，以為這種大家丟臉的話，還是少吹幾句的好。我們對外不得不因打敗仗而酷愛和平，而在內卻彼此酷愛於國勢阽危外患緊迫時期繼續不斷地打仗。所以去年在中俄不宣而戰的時候有內戰，在伯力會議時有內戰，最近中俄會議到了，還是有內戰！這樣說來，我們中國的特點是對外不得不酷愛和平，對內不願不酷愛打仗。

在這種形勢之下，我國中俄會議全權代表莫德惠氏於臨出國時所發通電中有「竭其駑鈍，勉任艱鉅」語，我們看來，覺得意味深長，尤其鑑於莫氏事前則審慎考慮，屢次表示材不勝任，一旦慨然以此事為己任，即慎密籌備，不遺餘力，行期在五月一日，其原配傅夫人不幸於四月二十九日晨因病逝世，莫氏恐一經發喪，則外界紛來弔唁，有誤赴俄行期，特守祕密，忍哀力赴國事，皆足以見他勇於負責積極往前的精神。中俄會議的結果如何，此時尚無從臆斷，以我國之對外只能酷愛和平，在內又要酷愛打仗，我們對此會議之前途似乎難於遽作樂觀，不過本文所注意者僅在莫氏對於此事勇於負責的精神。我們雖聞莫氏頭腦明晰，辦事穩練，為東省傑出的人才，其平日政績如何，亦未知其詳，唯就事論事，他此次對國事不畏難而勇於負責的精神，實值得我們的重視。

中國現狀最易養成悲觀的國民——水深火熱中的國民也實在樂不起來——但是悲觀無用，大家也只有各就能力及地位，為公眾福利而「竭其駑鈍，勉任艱鉅」。

張我華之殊深愧對

最近有以山西旅京同鄉會名義投函某報攻擊內政部常務次長張我華氏於接任後即紛更該部晉籍員司，謂「內政部之山西人較多，係因歷任四次長官均係山西籍，其所接近所信任者自為山西人」；又謂「一旦迫令相率去職，使百數十名山西人之婦孺老幼，流落異鄉，成為餓鬼」。過了幾天張氏在各報大登廣告，聲明「暫攝部務，原不敢多所紛更，唯內部職員間有自動辭職或請假逾期不到者……只有遴員暫代……並未無故更調，乃各方知交辱賜薦賢，遠道良朋情殷投效，限於員額，不克廣為延攬，有心維繫，無法登庸，力與願違，殊深愧對」。一方面戰戰兢兢的怕「流落異鄉，成為餓鬼」，似乎唯恐飯碗打破，一方面則謂出於「自動辭職或請假逾期不到」，則又似乎唯恐飯碗之得以保全而有意自毀者，究竟誰說得對，誠非局外人所能明瞭，但僅就兩方宣布的話各歸各的研究一下，已令人深切的覺得用人制度之應有徹底的改革。

為公服務，當自問有無勝任所欲任的職務之材能；為公擇人，當先問所擬用者有無勝任所欲委任的職務之材能。公家事業所需要者為有可以勝任的材能，公立的機關——無論是政治的，或是社會的——既非養老院，亦非私人可以用作應酬品的東西，無論何方均應以材能為前提。今一方面以「成為餓鬼」為言，好像「窮」是求職的一種資格，此與公家事業應以材能為前提的原則實不相容，此種觀念末流所趨，則為求事者紛紛，而可用之材實寥寥。一方面說「暫攝部務，原不敢多所紛更」，則如非「暫」，似以「敢」於「多所紛更」為無足異的常事，此種觀念末流所趨，勢必一長官更易而事務官乃至普通職員都連根盡拔，公家事業常在生手掌握，何怪效率效果之均無可言？

愚妄之見，以為公家事業在各方面既應以材能為前提，有兩點宜特別注意者：第一點是選用人材當採用公開的嚴格的考試制度，俾全國中確有相當的實際材能者均有自見的機會，免得阿貓所接近信任者不過限於阿貓的親戚朋友，阿狗所接近信任者不過限於阿狗的親戚朋友；還有一點是既經秉公錄用的人材須有確切的保障，免得有「一旦迫令相率去職」或「無故更調」的玩意兒發生。

張翠鳳女士和她的母親

常人總說中國人的自私自利心太厲害，就是研究優生學的潘光旦君，也慨然以此為言（見本刊本卷第廿二期的〈講壇雋語〉），我們試用冷靜的腦子，公正的眼光，默察實際的情形，對於此種見解，除同慨外，別無話說。但是此種毛病，似乎以權勢愈大的人受毒愈深；至於尚未學著戴假面具本領的平民，反多心地清白，往往反有感人心靈使人詠嘆的行為，其高尚純潔忠誠真摯實非自命上等闊人而徒知自私自利者所能及其毫末。若最近在上海以身殉義的張翠鳳女士和她的母親，便是中華民國平民中最足以令我們感動的人物，值得我們的誠意敬禮。

張翠鳳女士上海人，年十七歲，曾入清真女子小學讀書，父經商天津，隨母張王氏及祖母張劉氏居滬上，母三十九歲，祖母六十歲。所有家事悉賴母親主持，祖母病癱經年，母侍奉湯藥，始終不懈。最近不幸因同居失慎起火，火起後母女兩人適在樓下，自身原已處於安全地點，逃出甚易，乃念祖母病臥樓上，母女反身衝冒毒焰，爭先上樓馳救，以致同葬火窟。後經救火會員察見三人的屍體共在樓上一隅，雖全屍尚完整無缺，手指足尖皮膚則已焦灼，情狀至慘。

在旁人於事後看來，誠然深覺此事實足以感天地，泣鬼神，而在當時緊急危迫之際，此一對賢母女亦不過行其心之所安而已。她們實在不忍見垂老病廢的祖母宛轉哀呼於凶焰之下，情願奮不顧身以求拯救於萬一，必如此而後其心始安，否則雖自身獲免於難而於心則至死不能安，故寧願同死，不願獨生。此種不惜自我犧牲而行其心之所安的精神，出之於無赫赫之名的張家母女，也許不易得世人的重視，其實充其範圍，即救國拯民的志士仁人所同具的精神，亦不外乎此。名震寰宇的甘地曾說印度不顧生命從事抗英運動的人一念及同胞匍匐呻吟於少數來自異域者之足下，即覺滿身顫慄，一刻難安，必欲衝破此毒蛇圈而後快，縱粉身碎骨，亦所不辭。這也不是不惜自我犧牲而行其心之所安的精神嗎？

「心之所安」誠亦難言，貪官汙吏以搜括為心之所安，橫暴軍閥以殘虐為心之所安，國民之所大不安者，乃他們之所最安，故我特在「行其心之所安」上面按上「自我犧牲」四個字。

始終抱樂觀

倫敦《每日宣傳報》的駐印通訊員施洛孔白氏最近到普那埠甘地所在的獄中訪問甘地，在他們的談話中，施氏問起此次破壞鹽法者與政府的爭鬥，在甘地是否承認失敗。甘地笑道：「我乃樂觀主義者，我奮鬥四十年，屢被人笑為徒勞無益，然我屢次證明此說之不確。」

做今日的中國人，除極少數特殊階級外，言個人則宛轉呻吟於經濟困苦的壓迫，言國家則痛心疾首於內亂外患的摧殘，滿目瘡痍，隨地荊棘，比較的有經驗閱歷的成人所感到的煩悶苦痛固不必說，甚至未成年的小學生，在他國則更是欣悅快樂的時代，在我國則亦往往難逃悲哀的籠罩，例如本年的五三國恥紀念，受切膚之痛的濟南同胞尤為激昂，那天各界下半旗誌哀，在濟南演武廳開紀念會時，有男女小學生十餘人亦上臺作沉痛的演說，可見中國人在孩童時代就在悲觀的空氣中過日子，就在悲觀的空氣中生長起來。處於如此濃厚悲觀背景的中國人，最易跑到悲觀主義的路上去，唯其如此，我覺得上面所引的甘地的幾句話實可視為我們的興奮劑，清涼散，值得我們加以深切的注意與研究。

甘地嘗自謂每念及印度同胞匍匐呻吟於少數來自異域者之足下，即覺滿身顫慄，一刻難安，則彼所處的環境，其可悲實不遜於我們的中國，然而他卻奮鬥了四十年而猶是一個樂觀主義者。我深信他假使不是一個樂觀主義者，處在那樣可以悲觀的環境中，絕無心奮鬥，即奮鬥亦不能堅持至四十年而猶在繼續不斷百折不回的向前奮鬥。

愁苦傷感的時候難於強為歡笑，此乃人之常情，我們處於可悲的境地而欲強為樂觀，且欲以樂觀與人共勉，似乎非屬自欺欺人，即為徒唱高調。但我們若能有徹底的見解，則亦未嘗不能藉理性以抑制感情。何謂徹底的見解？就管見所及，以為言個人則當深明只有盡其在我運用理智以應付困難，尚有進境之可能，徒然愁眉哭臉咨嗟嘆息，則唯有坐待困難之克服，絕無克服困難之可能；且當深明下一分工夫遲早必有一分結果，乃自然之因果律。言國家則無論前途有望無望，我們既不由自主的做了中國人，只有向前進的一條路走，只有各就各人的地位與能力向前進的一條路走，失敗尚非所計，悲戚更何容心？

呂煥炎被刺中的凶手

廣西省政府主席兼第八路副總指揮呂煥炎氏由梧州赴廣州與該路總指揮陳濟棠氏會商軍事，住新亞酒樓，接見來賓異常慎重，非有特別要公必須面晤者只派代表接見，不料於六月十四日深夜十二時正在房裡吃他的西餐宵夜，吃至火腿雞絲飯時，被他自己的衛隊馮名聲在座後拔出手槍擊斃，凶手逃出街外，終被酒樓侍役及途中警察追趕拿獲。呂氏遭此意外，其最令人注意者，乃凶手為呂氏最親信的衛隊，其所住房間，除馮外，其他衛隊非命令不能擅進，而凶手所用的手槍又為呂隨身自用之物，因不自攜帶，命馮攜帶跟隨左右，欲以自衛的手槍乃由最親信的衛隊一舉手而變成自戕的工具！以最親信的衛隊而干最不親信的勾當，尤可注意者為他自供所以忍於下此毒手的動機。據供係受白崇禧的隨從副官覃奇的指使，言明將呂刺死後，給他現銀一萬元，並另保他當營長或團長，又供在廣州接洽者除覃奇外尚有一黃埔學生梁姓者亦催促快些下手，可升官發財云云。這樣看來，這位未來的馮營長或馮團長的動機很明確，就是在升官發財。因為他要想升官發財，所以親信不親信也就顧不得許多，換句話說，因為要升官發財便不得不黑著良心。

但是說這位老馮良心黑雖未嘗不可，如說他妄冀非分卻未免冤枉，為什麼呢？一則因為做官的榜樣好的太多，不能怪他學樣；二則因為升官發財的心理幾乎成了普通心理學的一章，不能責他獨異。照理做文官應該經過文官考試，或至少是應具有普通的政治學識經驗；做武官應該有過武備訓練，對於軍事也應具有相當的學識經驗。但在實際只要有靠山，有腳路，什麼人都可以做什麼官；只要擁有多少匪類烏合之眾，便得享受什麼師長旅長的榮銜。在老馮也許看得慣了，由馬弁一躍而為營長團長，在他並不覺得有什麼不可勝任的地方，何樂而不為？

講到升官發財的普通心理，其根本尤在一般人不勞而獲的精神之突飛猛進。埋頭腳踏實地的干大概是最不合潮流的笨拙行為，要不費工夫而坐享其成才是聰明人的事情！所以研學最好不必有心得而即成名，辦事最好不必有成績而即擢升。升官發財也不過是發揮光大這種不勞而獲的精神而已。

敬告工商部當局

我們在上月就見報載前浚浦局總工程師有名海德生者，瑞典籍，自於本年三月奉瑞典商務大臣之命，調查該國在華火柴營業，擬將原料運至上海，購地建屋製造，為侵略我國火柴業之進一步方法。嗣聞海德生氏在滬數月，已與我國工商部暨各方接洽，結果極佳，乃欣然回國，准秋季再行來滬作大規模之籌備。我國營火柴業者，聞此消息，均惴惴然深恐這種「結果極佳」的計畫如果實現，我國火柴業勢必破產。記者當時雖未聞工商部對此事有何否認的表示，但私念在瑞典認為「結果極佳」者，在我國似只有「結果極糟」的影響，我國工商部當局維護本國實業的苦心未必就比不上「瑞典商務大臣」，頗疑海德生之所「欣然」者未必確，近見浦東熒昌火柴工會為抵制瑞典商侵略我國火柴業的宣言，慨然提起「我國通商大埠及各縣各鎮，凡是煙紙號，都可看到瑞典商民光公司及瑞中洋行所出的轆輪，玫瑰樹，廟宇，大風，財神，飛虎，紅孩兒，鳳凰等牌號，足見瑞典火柴侵占的勢力已滿布全國」，這在瑞典及她的「商務大臣」固然也可認為「結果極佳」，但在中國國民看起來，卻很難鼓起「欣然」的勁兒，在我們的負有維護中國工商實業專責的工商部看起來，似乎也不應該再讓他們有「進一步方法」的「結果極佳」的「接洽」，但這篇宣言及最近江浙火柴工會向工商部呼籲的呈文卻明明說瑞典商近又在上海周家渡地方收買廠址，購地二三十里，作大規模的製造，已定於八月一日開工，則他們所認為「結果極佳」者大概確是「極佳」了！

上海租界是帝國主義的根據地，我國的達官貴人固可藉這種帝國主義的根據地而享受所謂物質文明的幸福，但抱帝國主義的碧眼兒也可藉此種帝國主義的根據地而隨意設廠，在他們原不必與中國政府有何「接洽」，但像周家渡地非租界，而亦得隨意設廠，倘果成事實，則這種「結果極佳」便不得不出於運用「極佳」的「接洽」手腕了。

我們慎勿以為幾根火柴微乎其微，「中華全國數百萬火柴工人命危旦夕」（江浙火柴工會呈文中語）固非小事，而一國的經濟基礎尤在日用品之能自維持，所以我們很希望工商部當局仍能速籌「結果極佳」的救濟，勿讓「瑞典商務大臣」專美才是。

幾死毒手的白英女士

最近本埠社會時事中最引人注意者，殆莫過於舞女黃白英被逼服毒幾死一事。白英年十九歲，粵人，父母俱亡，曾一度加入南國劇社，後由戀人約翰學生方某之助，入復旦大學肄業，旋離校入大東舞場為舞女，與仁康五金號小老闆童三毛者結識，嗣改入巴黎舞場為舞女，又與大學生張某熱戀，欲嫁張，童大興醋波，遂於上月二十九日深夜在滄洲旅館逼黃允嫁作妾，黃嚴拒，乃逼黃吞服安神藥片，臨危童忽動其一線天良，送寶隆醫院得救不死，童被捕房拘解法院，以上為此案簡單之經過始末。記者執筆作此文時，法院雖經審問，尚未判決，我們對於此事所望者至少有兩點：（一）法院應按法嚴懲童某，以儆姦凶；（二）黃女士經此危難，從今以後宜有徹底的覺悟。

童某壓迫女性，凶狠惡毒，不足論，關於黃女士，我覺得《民國日報》的蘇鳳君說得很對（詳見七月四日該報），他說：「現在我們如果說白英的事完全應該由社會來負責任，那麼『社會』是不會自己來辯白的……然而我們倘使仔細研究起來，我們正不必因白英是一個女子而存心袒護她，更不能因白英女士遭際的可憐而忽略了她自己走上的歧路。若說社會是萬惡，但絕不人人因此而墮落……」

我以為在社會方面應盡量的設法減少萬惡的環境，在個人方面應盡量的養成抵抗誘惑的能力。「社會」似乎是一個很空洞的東西，所以蘇鳳君說它「是不會自己來辯白的」，但是負地方上治安之責者便不無可以努力之處。即就舞場而言，日本的警察當局對舞場即有極嚴的取締，營業時間限至晚十一時為止，不許舞女與舞客並坐私談，至與舞女同時出入，在日本舞場更懸為厲禁。（可參看六月十日《時報》邵翼之君的日本通訊）這樣一來，把舞女業的危險性未嘗不可減少一些，但社會有光明的方面，隨處也難免有黑暗的方面，所以尤其重要的當然是在個人方面也要養成辨別善惡抵抗誘惑的自衛能力。以後教育愈興，則自由之享受亦愈益較前擴大，倘僅知享受自由而未能養成辨別善惡抵抗誘惑的自衛能力，則自由乃適成其為陷阱。

浙教廳的研究部

浙教廳以該省小學教師少相當的進修機會，各地舉辦的暑期講習會為時又暫，要使他們常年進修，除自行研究外，唯有通信研究為最適當有效，故定於十九年度起在廳內附設師資進修通信研究部，不收費，學員名額暫定一千名，此外辦法尚可撮述三點如下：（一）修學程式分三期，每期一學期修了，書籍由廳指定；（二）修了一期，考試及格後再修次期，修滿三期經該部派員考試及格者給與證明書，其資格與入假期講習會一次者同（聞本屆全教會議所定，小學教員在若干年中須入假期講習會若干次），並得免小學教員登記時之口試；（三）學員每二月作閱書報告一次（有規定的報告單），有疑問得隨時填表（式樣亦有規定），由研究部答覆，遇必要時該部亦得提出問題令學員答覆。與一千名學員通信研究，在浙教廳方面不可謂不是一種繁重的工作，乃該廳以提倡「常年進修」之不容緩，竟能毅然把這個責任擔當起來，已是一件很可敬佩的事情，而所提倡的這種服務與修學兼程並進的精神，以及養成常年進修的習慣，其含義尤為深遠，實不限於小學教師應該這樣。

學校教育不過是替我們一生的教育上樹立一點繼續向前進修的基礎，倘若入社會服務後不能利用這種基礎而繼續不斷的向前進修，便是把這一點已樹立的基礎糟蹋掉。常人以為學成而後服務，好像服務之後便用不著修學，不知學無止境，事非待定，服務與修學應如車之雙輪，同時並進，不但不相礙而適足以相成。孫中山先生嘗言革命成功在有高深的學問，我們試一追想中山先生終身好學不倦的精神，便知道他一方面盡心竭力求革命的成功，同時卻繼續不斷的求學問。所以他說「我一天不讀書便不能夠生活」；所以他雖在亡命海外東奔西竄的時候，總帶有幾本關於革命一方面的最新出版物，時常仔細研究；甚至在火線上督戰的時候，也帶有許多書籍雜誌，軍事工作一停，便把書本拿到手裡來。我們倘若只會瞎寫幾字刻板的標語，亂喊幾句膚淺的演說，便算能事已盡，目空一切，那須先叫自己革命一番！

我察看浙教廳研究部所已指定的書籍，每期八種，多看幾本書似乎算不了一回事，但可貴的是在由此養成常年進修的習慣。要能服務與修學兼程並進，首先要養成這樣的習慣。

留學熱中的冷靜觀

上海市教育局與寰球中國學生會發起聯合各大學各團體籌備歡送八月中旬放洋的大批留學生，聽說已於七月十九日在華安八樓開過一次籌備會議，想屆時必有一番盛況。教育為立國基礎，高深學術尤為國家建設所急需，留學諸君有機會赴國外求高深學術，備將來為國家社會努力，我們除竭誠歡送外，似無話說。不過記者在我國的留學熱中試作冷靜觀，殊不能無感，姑妄言之以供社會人士的參考。

我國每年大批留學，以赴美為尤盛，在美的中國留學生多的時候達六千人（見本刊上卷三十五期），最近降至一千二百六十三人（見七月十二日出版的《密勒氏評論報》美國通訊），這並不是心理上熱度的減低，最大的原因是在國內禍亂無已，窮的程度大有進步，但是窮的程度儘管進步，今年金價尤有空前的暴漲，而將於八月放洋的留學生上面仍加得上「大批」兩字，愈足見心理上留學熱之有增無已。我們試默察一般人的心理，大概可以說做子弟的人不入學校則已，既入學校，其心理上總以未留學或不得留學認為未能登峰造極為憾；做父兄的不培植子弟則已，既培植子弟，其心理上總以未使或不能使子弟留學認為未能登峰造極為憾。他們之所以「為憾」者，其注意點多不在什麼真才實學，卻在未能得一銜頭或資格。這種心理，我們不能怪做子弟的，也不能怪做父兄的，因為社會所崇拜的是虛銜頭空資格，真才實學原屬無關重要，非如此便無以應社會的需要，便無以增進自己在社會上的地位！

記者直率敘述這種幾於普遍的心理，並非無條件的反對留學，我的朋友裡面具有真才實學而為留學生的不可勝數，我敬之重之，故我個人更無輕視留學的成見，且認為在相當條件之下，我國在目前並有留學之需要，不過愚見以為徒重虛銜頭空資格而忽略實際才能，實為一種病態心理；依這種心理，曾經留學的雖飯桶也應該位尊多金，未曾留學的雖有優越才能也應該屈居下位。這樣一來，固然冤抑了許多確有真本領而沒有虛銜頭空資格的人才，也減損了許多確有真本領的留學生的價值。這種惡劣風氣之釀成，實在是社會上握有用人之權而自己沒有腦袋或雖有腦袋等於沒有的一班人的罪惡。結果大家崇拜虛銜頭空資格，有無真才實學可以不問；大家所努力者也只是取得虛銜頭空資格，無須顧到真才實學。於是於不少國貨飯桶之外，更加上不少洋貨飯桶！

趙鐵橋蓋棺論定

招商局總辦趙鐵橋氏遭暗殺殞命後，議論者紛紜，以《時事新報》的評論比較的最公允：「招商局自趙氏接辦而後，功罪殊復難言……以不知航不知商之人，無論天賦何若，而謂竟為招商局建何功績，夫誰信之？況招商局者，以捉襟見肘之情況，而局外人視如肥肉大魚；以百孔千瘡之局面，而為上下內外所注目挑剔；以老朽之營業工具，而不絕於供應差遣之奔命……環境若此惡劣，雖十百趙氏，未必有濟，蓋棺論定，奚苛責於斯人？」

以我國所僅有的唯一大規模的商船公司如招商局，其積弊腐敗至不堪究詰，固為國人最所痛心的一件事，若望有人能於短時期內廓清改造，誠亦非易，但趙氏任該局總辦為期兩年零五個月，為時雖暫，乃對於航業不但毫無裨補，且有治絲益棼之勢，則亦為共見的事實。謂趙氏「不知航不知商」之限於能力，益以「環境若此惡劣」之多方牽掣而困於施展，有此根本上的錯誤，故認趙氏功罪為不足論，這一層我們也表同意，但不自量其能力之能否勝任，貿然引重責為己任，自己固弄到焦頭爛額，而耽誤國家社會的重要事業，尤不能辭咎，此則非為已死的趙氏言，願為未死的無量數的趙氏進一解。

回憶五月三十一日記者在碼頭上送友人滄波赴英之行，趙氏亦正在碼頭上送他的長子乘該船出國留學，體格魁梧健強，身穿暗黃色的嗶嘰中山裝，立岸邊高舉草帽，歡送立在漸漸遠離的欄杆旁的他的兒子，有好多人在背後指著他說：「這就是趙鐵橋！」誰料不及兩月之後他竟以突遭暗殺殞命哄動社會？趙氏在該局所任職務及所受攻擊的內容姑置不論，即此前塵影事之偶憶，已足使人感覺人生如戲如夢，他的戲現在做完了，他的夢現在做完了，尚未離開舞臺夢境的我們則各發議論批評他所做的戲怎樣怎樣，他所做的夢怎樣怎樣。推此做戲做夢的意義，可以說我們的悲歡離合固是一戲一夢，我們的金錢富有也不過是戲中夢中物，倘無此覺悟，在做戲做夢時只知拚命的死搜力括，愆咎叢集，一旦「一棺附身，萬事都已」，戲中夢中物仍須撒手，則又何苦？我們既不由自主的處身於此舞臺上或夢境中，苟能有此「人死觀」，自私自利的念頭也許可以減輕些。

租界電話出賣問題的測驗

上海租界電話向由所謂英商上海華洋德律風有限公司者經營，這個名稱裡最當注意的是「英商」兩個字。在該公司的英文《電話用戶名簿》上（即 *Subscribers Directory*）更有在香港註冊的字樣，又足表示該公司是只願受英國法律管轄的。但據我國交通部所宣稱，該公司華股東實占十之六。以中國股本占多數而又在中國國土內經營的公用事業，卻冠以「英商」的銜頭，藉英國法律為護符，一切大權均由碧眼兒獨攬，中國人無置喙之餘地，而我國人卻一向安之若素，倘非寬宏大量，視國權為可有可無，曷克臻此！

最近該公司以工部局董事會之核準，股東會之通過，出售與美國國際電話電報公司，且非法取得四十年之專利權，雖經我國外交交通兩部之交涉，民眾之反對，擬乘此機會收回國營，工部局董事會仍悍然作最後之決定，宣言無變更之餘地。

西人在華經營商業，常有一句口頭禪，說他們對中國總是含著「好意」(Good-will)，這雖是他們騙人的話，但做生意究竟和日本進兵濟南的態度要兩樣一點，多少要戴上一隻和顏悅色的假面具。如今電話用戶既以華人居極大多數，要和中國人做生意的電話公司何以敢於如此肆無忌憚呢？在他們卻也未嘗沒有他們的道理。

他們一則看透了我國民眾所最缺乏的是團結力——用戶雖多，要能一致團結抵抗到底，是他們所信為不可能的事情；二則看透了中國只有官是有力量的——不是對外的力量，是對內的力量，切勿誤會——所以當華洋德律風公司因此事召集股東特別大會時，有董事竟公然宣言「將來希望與中國官場謀妥協」，可見他們以為只要能「妥協」了中國的官，什麼都沒有問題，而在他們又深信中國的官是最容易於「妥協」的。他們並非妄想，有上海工部局電氣處出售往事為例。當時由我國上海交涉署提出抗議，理由與此次抗議完全無異，民眾反對之聲亦不低於今日，後雖賣出，新公司當局終有所顧忌，然他們所注意者非中國民眾，乃必欲交涉署取消抗議，始能釋然，終仗其神通之廣大，請得王外長簽字於契約之上了事。現在又因外交當局之手腕靈敏，得到這樣的好結果，中國人是否有團結力，中國的官是否最易於妥協，又遇著一次測驗了。

勞苦民眾中的一樁喪事

《東北商工日報》最近載有遼寧的一段新聞，標題〈烈日下洋車夫倒斃〉，大概說：「近日天氣特別炎熱，生活諸感不適，而一般勞動者更受其痛苦，月之二日上午十時許，大西關五斗居東路南發現一死屍，原是一樣車夫，記者當向五斗居分所詢問究竟，據云死者所拉之車號數一萬一千一百二十一號，屬於商埠二分局內之玉合車廠，此車夫體甚強壯，素無疾病，此次之死，完全是因在烈日之下跑路太多，血氣大傷，至五斗居東，體力實覺不繼，頭目發暈，猝然倒地，氣絕身死。慘哉！午後四時許官方驗畢即日埋葬矣。」

我國民眾在兵災匪禍遍地之區所受的慘苦，本刊曾有所評述以告國人，而該報此段新聞所述之慘狀則發生於兵災匪禍區域之外，則全國勞苦民眾水深火熱之狀況更可概見。在北方所稱為洋車夫，即南方所稱的黃包車夫，其平日的生活，勞役甚於牛馬，待遇苛於奴隸，每遇嚴冬炎夏，則蹣跚於暴風之中，呼喘於酷暑之下，尤處人世奇慘的境遇，故黃包車夫實為勞苦民眾中之尤悽慘者。同是圓顱方趾的人類而處身同國者，目擊這樣號稱人類而實無異於牛馬的同胞，司空見慣，固可熟視無睹，苟略一思索，當必認為莫大的恥辱而侷促不安，慚愧無以自容。但勞苦民眾儘管勞苦，而軍閥為個人權利而混戰，官僚為個人權利而搜括，仍各行其事，荒縱極欲，為殺人放火者造機會！在此種形勢之下，全國人民憂傷憔悴，固不知死所，即彼罪孽深重的少數特殊階級之燕巢幕上，終亦不知死所而後已。

即就死後的排場說，上述的那位在烈日之下倒斃的黃包車夫，《東北商工日報》記者雖加以「慘哉」的慨嘆，但死了一個可慘的黃包車夫便不過「官方驗畢即日埋葬矣」草草了事。在殃民禍國的軍閥或官僚，一旦幸而死了，我們便可在報上看見煌煌然載著有人替他組織什麼「治喪事務所」，派著總務文牘會計庶務等等執事，替罪孽深重的死人辦公，如此虛耗國帑猶以為未足，動不動還要加上多則整萬少亦數千的「治喪費」。依我們平民的眼光看來，勞苦民眾勞苦到黃包車夫，卻是自食其力，工作遠勝於酬報，對社會可謂有功無過，若為國家社會之蠹的軍閥官僚，多死幾個實國之福，但他們死後還要虛耗國帑！

除去非黨員案緩議

據南京電訊，行政院令教部，謂漢口市教育局呈，據第七區黨部建議，除去非黨員教職員一案，經轉請中央執委會批覆，以現時全國中小學教職員大多數均為非黨員，如遽爾概行停職，在事實上固多障礙，而於黨義宣傳亦反為不利，該區黨部所建議除去非黨員之教職員一節，應從緩議。

漢口市第七區黨部建議的原文，記者未得寓目，但細閱中央執委會的批覆，可知他們是要建議把全國現有之中小學教職員之非黨員者概行停職而代以黨員；換句話說，是黨員才可以做全國中小學的教職員，不是黨員便不許做全國中小學的教職員。我們如以善意猜度這種建議的動機，也許可以說因鑑於宣傳黨義之重要，而黨員對黨義有特別徹底的了解，故要讓黨員來擔任全國中小學的教職員。但是在普通一般人看起來，也許要疑心黨員要憑藉黨的勢力來和已經怪可憐的全國中小學校教職員搶飯碗，所以我們認為中央執委會謂此事「於黨義宣傳亦反為不利」，不予批准，實屬正當。唯謂「以現時全國中小學教職員大多數均為非黨員」，「遽爾概行停職，在事實上固多障礙」，也列為「應從緩議」的原因，乃令人不能無惑，難道假使現時全國中小學教職員大多數均為黨員，那少數非黨員便可任意「遽爾概行停職」而無損公道嗎？記者愚妄之見，以為此事只須問揆諸黨義該不該：該則宜行，不應因事實上多障礙而卻步；不該則宜斷然取消，不應因事實上多障礙而才「緩議」。

孫中山先生在民國十二年對中國國民黨懇親大會訓詞，說過這幾句很懇摯的話：「……要某人做某官，就是要那一個去做那一件事，如果那個人的才能可以做那件事，才可以使他做那個官；若使他的才能不能做那件事，他一定要去做那個官，便是不勝任，便沒有好結果……簡而言之，以黨治國並不是用本黨的黨員治國，是用本黨的主義治國，諸君要辨別得很清楚。」中山先生對專門人才之注重，不主張以黨員非黨員來界線，可以概見，所以記者以為中央執委會對此事處置之正當，因為揆諸黨義是應該的。我們深信苟能力行三民主義，必能救垂危的中國，故深願國民黨黨員能處處以犧牲精神來力行主義，必如此而後才能鞏固全國的同情與信任。

暴行軍人的愛妾撒嬌

重慶新聞界最近發生幾件使人哭笑不得的新聞。一件是團悟通信社以揭載適中酒樓飲食不潔，本係事實，而該酒樓股東馮什竹以身任潘文華旅之軍需，竟擅捕該社社長編輯，拘禁數日始放，可見軍需的威風。還有一件是西蜀晚報館忽遭馬弁兩次搗毀，社長黎純一及編輯數人受重傷，說因該報所載社會消息有傷重慶各將領體面，又可見馬弁的威風。但是這兩件事仍不及還有一件事來得奇妙：《重慶快報》批評婦女協會，有旅長藍文彬者，以其愛妾歐某係婦協委員，竟將該報封閉，並捕去主筆邵正朝，勒令向其愛妾三鞠躬謝罪，否則槍斃。聽說重慶報界因抵抗軍人暴行，已由報界協會，記者協會，新聞社協會三團體開緊急會議，一致議決全體停刊，靜候社會公裁，俟得正當解決，再行復工。

婦女協會照理是應該提倡婦女解放的機關，身為藍旅長愛妾的歐某居然是其中的一個委員，這位歐委員平日到會想起來總要上演說臺出出風頭，可惜我們未曾有此耳福聽到她說些什麼！重慶的社會竟容許她這樣的妖精在青天白日之下橫行於人的世界，怪不得所謂藍文彬者也就傲然自得而忘形，不肯文質彬彬了，竟大捕主筆，以媚細君，且勒令向其愛妾三鞠躬謝罪，我們不知當邵主筆哭喪著臉伸伸縮縮的向這位歐委員兼任藍姨太太面前一鞠躬再鞠躬三鞠躬時，她還是嬌滴滴的秋波一轉百媚橫生呢？還是杏眼圓睜，蛾眉倒豎，餘嗔未息？要之邵飄萍、林白水之受軍閥槍斃可算為中國新聞學史上的悲劇，邵正朝之向軍閥的愛妾一再鞠躬可算為中國新聞學史上的滑稽劇，在狗彘不如的軍閥和他們的玩物乃至走狗，原不能歸在有理性的人類裡面，實覺責無可責，國人所不可自恕者，即何以容許這樣人面獸心的變相的下等動物尚得苟延殘喘於二十世紀的人世？沒有制裁力的國民，所受的不白之冤與荼毒之苦都是應該受的。

國民的制裁力不是一二人所能為力，是要有一致的團結，才有力量。例如此次重慶報界全體停刊以抵抗軍人暴行，便是一致團結的好榜樣。倘使國民而有這樣一致團結的精神，力量更大，像適中酒樓沒有一人去吃，軍需雖凶，能沿街拉客嗎？也只有關門大吉而已；歐委員儘管高坐堂皇於婦女協會裡面，沒有一人去與會，難道她一人能自做主席自做書記自做聽眾不成？也只有回家去向藍文彬撒嬌而已！

勇敢的中國人

據巴黎傳來消息，中華留法航空研究會主席翁照垣君於七月廿四日飛行至五百米突時，因發動機出了毛病，機身下墮，撞斷高度電流電線三根，全機跌碎，當時即由法國陸軍救護車將翁君送入凡爾賽醫院，幸傷勢甚輕，得免於死。此事發生後，法報競載其事，爭譽翁君為勇敢的中國人。按五百米突合我國長度在一千五百尺以上，由如許高度下墮，復撞斷高度電流電線，其可危狀況不言而喻，終得死裡逃生，非翁君臨危時精神之鎮定，平時技術之靈巧，於不慌不亂中應付得當，殆無生望，故法報爭譽翁君為勇敢的中國人，非譽他的失敗，乃譽他的不畏失敗，有能力應付失敗。失敗非即勇敢，因為天地間極怯懦的人，極無用的人，也常和失敗為伴侶，只有不畏失敗，有能力應付失敗，雖失敗而猶能留下堅毅不屈的精神為後人讚嘆驚愕，才含有勇敢的意味。

我們總還記得美國有位善於戴著沒有玻璃的大圓框眼鏡做滑稽電影的羅克，曾捏造事實硬派中國人是最怕死的，只有他和他同種的人是「不怕死」的，尤其傷心的是居然有由中國人主持的影戲院替他宣傳，據羅克後來道歉的信裡說，他演此醜態百出的電影時，還請過幾個中國人做顧問——這幾個號稱中國人的心肝應該剖出來給我們看看！如今有翁君的勇敢行為，使別國人於中國人之上出於自動的加上「勇敢」的形容詞，愈益反映他能以個人的努力使中國人稍稍伸眉吐氣，因為可以表示中國人並非儘是只要錢不要臉的影戲院總經理，或只有人形等於沒有心肝的「顧問」。

但是在我國人之所應自勉者，絕不可因人之偶譽而遂自滿，況即就航空事業而論，我們在國際上也只有努力而沒有什麼可以自豪的特殊優越的成績。美國著名飛行家林德白由紐約到巴黎的直接飛行，飛渡大西洋僅費三十三小時二十九分鐘，開世界的飛行新紀錄，本刊曾有過詳細的評述。最近法國兩飛行家谷斯推（Captain Costes）和柏養德（Bellonte），於九月二日由巴黎飛到紐約，雖較林德白多三小時四十九分，但由東而西的大西洋冒險行程也開了世界的飛行新紀錄，受美國異常熱烈的歡迎，美總統胡佛氏因此事親致一電與法總統杜美爾道賀，開首就說「法國已造成了一個榮耀的紀錄」。我們希望也有一天造成由我國人自南京飛到紐約的榮耀紀錄。

辭去遙攝的大學校長

近有幾位黨國要人先後辭去他們所遙攝的大學校長職務。教育部長蔣夢麟氏辭去他所遙攝的浙江大學校長，考試院院長戴季陶氏辭去他所遙攝的中山大學校長，中央研究院院長蔡孑民氏辭去他所遙攝的北京大學校長。這件事早就該做，到現在才做，已嫌其晚，但現在還能如此毅然的割愛，總比漠然無動於中而因循下去的好，因為他們總算未曾始終忘卻專心致力與業務發展有深切的關係。

朱家驊氏原亦遙攝中山大學副校長，近亦辭去浙民廳長而專辦中大校務，其辭呈中有這幾句話：「戴校長負荷中央重任，事較家驊更繁……均責成家驊奉行處理，即在浙之日，大學校務亦無日不函電紛馳，遇有請示裁決，間須往返京杭，每逢開課及休業之時，更須代表校長，身親赴粵，而一度往返，動輒累月，全年統計，在粵幾三分之一，在浙僅三分之二，兼顧既虞兩誤，留浙又屬難能。」以大學校長職務之繁與責任之重，同地兼任已屬不宜，乃不僅兼任而出於異地遙攝，由「無日不函電紛馳」以料理校務，「動輒累月」以虛擲於途中往返，其一去而不復返者，僅「三分之一」的時間而無之，應以倡導好風氣為己任的大學校長，乃竟一向如此不講效率，坐誤公務，至今日始有辭去遙攝之實現，殊為可異。黨國要人遙攝國立各大學校長實為當今的一種流行病，我們但希望尚知毅然辭去的幾位能做個好榜樣給其他要人看看，叫他們想想辦教育究竟不是掛名差使！

其實豈但什麼教育，豈但什麼黨國要人，無論何人，無論何業，要業務不糟而辦得有成績，都非專心致力不可；用比較便宜的薪水請幾位兼任的仁兄——遙攝平常不大有，大概只有黨國要人有此機會——遠不如用比較豐厚的待遇請一兩位專任的腳色。忙於一件事業的人，用心專一而精神集注，假以時日，多少必有所成；分心於許多事業的人，思慮泛浮而精神渙散，雖似多能，終必有名無實。個人的思考精力——尤其是不無一二特長的人——如此虛擲固極可惜，而耽誤事業，妨礙賢路，其罪尤大。聞上海商界有某闊人以一身任二十九處董事，這種人不早死，社會事業永無繁榮興盛之望！

附志：此文付刊後，聞蔡先生辭北大校長係本年四月間事，並非現在始辭，則固當別論，特附志以昭事實。

李杏花女士勝利之所由來

九月廿七日我國李杏花女士（由爪哇回國的網球女健將）為上海十八年來國際女子網球競賽開一新紀元，以始終不斷的努力，鎮靜穩定的態度，戰勝技術精巧的勁敵美人菲絲女士(Miss A. Firth)，榮膺本屆「網球皇后」(Queen of the Court)，為華人第一次得此錦標。

記者特別提出菲絲女士為「技術精巧的勁敵」，固為事實，然正因為敵之為「勁」，敵之為「技術精巧」，勝之乃愈益難能可貴；故求真正之勝利者不畏難，愈難乃愈益增加勝利的價值，畏難即專想僥倖的心理所暗伏，不足以語於真正的勝利。

此次李、菲空前之劇戰，雙方勢均力敵，各不放鬆，各盤形勢均極緊張，尤其是第三盤的最後決戰，局勢愈緊，競爭益烈，我國觀眾提心吊膽，恐慌不可名狀，蓋戰至第十局時，菲絲女士已勝五局，李女士只勝四局，且在下一局菲絲女士又以三比二之籌數占先，若李女士此局失利，則功虧一簣，前功盡棄。然李女士終得轉敗為勝者，識者均認為得力於膽大心細四字。菲絲女士技術非不精巧，抽壓非不厲害，然每失之慌亂，略受小挫則慌亂愈甚。李女士則不然，敵方來勢雖極其猛烈，而李卻心意鎮靜，不慌不亂，不肯輕舉妄動，唯求應付準確，故終能於千鈞一髮之際，化險為夷，愈戰愈勇，連下三局，於觀眾歡呼拍掌聲中，笑容可掬的奪得錦標以歸。

當局勢緊迫時，我國觀眾數百人的跳腳聲與嘆息聲雜然並作，望勝心切，復於力竭聲嘶中拚死命的吶喊，李女士處此好像萬馬千軍呼聲震天之中，猶能不動聲色，鎮定安靜，以細密精神，敏慧手腕，處置裕如，此實非僅僅技術所能為力，必平素於運動之中有其精神上的修養，得到孟老夫子所謂不動心的祕訣。假使恐慌失措的觀眾與不慌不亂的李女士易地以處，儘管技術相若，成敗之數可不待智者而知；蓋內無以自主則原可應付的難關亦將因眼花心亂而莫知所措，我們立身處世，應付問題，苟能留意及此，亦將受用無窮。

一千五百萬元的誘惑力如何？

瑞典火柴商積極進行侵略我國火柴業的陰謀，記者曾於本刊五卷第三十一期作〈敬告工商部當局〉一文痛論其事，後聞參與其間者且有我國的財政當局，但此種喪心病狂的勾當絕非革命政府下的官吏所應為，故雖言者鑿鑿，我們未敢置信。近來又傳瑞商向我國政府表示，願出資一千五百萬元，中國火柴業在五十年內歸其專賣，我國各地火柴商聞此消息，恐慌異常，紛電華商火柴業聯合會查詢實況，而聯合會調查的結果，據說瑞商於數月前雖有是項侵略華商的願望，我國政府為保護華商與國家的實業計，並未允許，當即拒絕，這樣說來，一千五百萬元的誘惑力並未發生功效，這種拒絕才是尚有心肝的中國人應該做的事情，也當然是做中國人的人所歡迎而但望其為千真萬確的消息。

上月下旬中宣部招待新聞界，中央委員方覺慧氏報告最近遊歐感想，有一節說起各國一律不用外國貨情形，謂由滬到美的美國郵船，到上海亦不買外貨，因所用食料已由本國備齊，由神戶到美國，帶一水果，要罰美金十五元，因美國大陸多產水果，不容外貨侵入。及至大西洋搭乘德船，則船上所用皆為德貨。歐陸多小國，一日乘車可經數國，而所到之地無不用其本國貨，其抵制外貨的辦法均屬極端的。各國市場上都沒有外國貨物，間或有之，則皆有保護稅重加徵收，以示抵制。依方氏所言，可見振興國貨固恃民眾的熱誠，亦恃政府的衛護。倘政府貪飲鴆止渴的外商報效，便把日用品中最重要的貨物讓外商享受五十年的專賣權，與方氏所最近調查的各國實況毋乃相差過遠？他國正在抵制外貨以振興國貨，我國何獨力助外貨以摧殘國貨？此而可以上當，則所謂國貨運動大會，乃至一切關於提倡國貨的公文布告，以後皆應根本取消，勿再假惺惺作態以遺羞當世！所以記者鄭重的說，拒絕瑞商的誘惑而為中國火柴業留一線生機，這種拒絕是尚有心肝的中國人應該做的事情，也當然是做中國人的人所歡迎而但望其為千真萬確的消息。但全國火柴業廣東分會似乎還不放心，故又呈請工商部要求將瑞商陰謀嚴加批駁，如政府業已拒絕瑞商專賣，則請設法制止瑞商造謠，以安華商火柴業及全國人士之心，良以公開為消除弊端及疑慮的無上法門，光明磊落的事情未有不可公開的。

冒險

十月十一日為孫中山先生在倫敦蒙難紀念日，胡漢民氏在中央黨部舉行紀念儀式時，提起往事，有這樣的幾句話：「總理創造革命，於三十五年前，因在廣州運動未成，席不暇暖，即赴歐美南洋各埠，祕密工作，行程至新加坡時，有滿清所派曾任廣東惠潮嘉道某，跟隨總理所乘輪船，暗事偵探，為總理所覺，即與該偵探面談，將滿清政治若何腐敗，中國國家若何危險，不革命就要亡國，及本人以革命救國為目的各原委，傾吐而出，該偵探大為感動，謂我絕不將君之行蹤向清政府報告，亦絕不再偵察君之動作，一年之內我亦絕不回國等語」，中山先生在倫敦蒙難時如何被誘入駐英使館，如何由英僕柯爾向他的老師康德黎求援，這是我們所熟聞的，不過胡氏所提起的這段未到倫敦前說動途中偵探的故事，卻是新穎的事實。繼胡氏演說的葉楚傖氏謂總理生平偉大有最要兩點，可為革命成功基礎，及同志奔赴革命前途唯一榜樣：

(一) 愈值危險時期，愈能表現大無畏精神；

(二) 每經過一次危險，即得到一次進步。

我們試想像當時中山先生所冒的危險，可謂挨著虎口過去。大抵所志的事業愈遠大者，其過程所經的時間固愈久，所經的危險性亦愈嚴重。沒有挨得過持久時間的忍耐力，沒有挨得過特重危險的膽量，便不必想要達到所志的遠大事業。事業的大小與所經時間的久暫及所含危險的深淺常為正比例，故褊淺欲速與怯懦畏縮者絕不足以成就事功，世之欲有所樹立以自效於社會者，往往徒囂然以大志自許，而於任重致遠與百折不撓的精神則鮮知蓄養，追念中山先生冒險的精神，當知所以自勉。

所謂冒險，與魯莽似同而實異。魯莽者無所謂目標，無所謂計畫，故盲人騎瞎馬，糊里糊塗地向前瞎撞，即魯莽的寫真。冒險則不然，先有明確的目標，與熟籌的計畫，按著計畫朝著目標向前猛進。所謂「險」者，即猛進途中所遇的困難，小困難即小險，大困難即大險，冒險云者，即為實行計畫求達目標計而用大無畏精神以戰勝困難之謂。有目標，有計畫，遇險而屹然不懼者，實已確然明知此目標此計畫之需要戰勝此困難，只有力謀應付之籌謀，絕無驚慌退縮之心意。故有持久性的大無畏精神並非一時感情上的衝動作用，乃理智上的真知灼見的結果。

欲蓋彌彰的獸行

我國蕭信庵女士應荷屬安汶島華僑培德學校之聘，中途被荷商渣華公司輪上荷人大二副強汙，本刊以此事不僅關蕭女士個人之辱，實為我中華民族全體之羞，曾一再有所論列，十月廿一日報載上海該公司經理強辭掩飾，謂大副確向蕭女士接吻一次，否認非禮行為，並謂二副無關，本案曾經望加錫法庭偵查，但對大副等為不起訴處分云云。荷人對此獸行之欲蓋彌彰，徒引起我們的愈甚的憤慨。蕭女士所作〈弱女孤行途遇危險記〉，對於該兩隻獸之屢次侮辱均有詳述，對於二副的獸行明明說他「一手鎖門，一手握吾頸頸，門鎖好，見其解褲紐，以其陽具取出，將吾推倒在床」，今荷人僅認為「接吻」，文明的荷人對他們本國女子接吻時是否用得著解褲紐，取陽具，我們不得而知，依高尚的中國人看起來，這是獸類的獸行，確鑿無疑。蕭女士與此獸類既無宿怨，以女士平日之盡瘁教育，品性純潔，絕對不肯自辱其名而對此獸類有何其他用意，故我們對蕭女士的泣訴認為字字真實，對那兩隻獸的獸行認為鐵案如山，無可掩飾。

雍容雅度的外交當局是不盡可靠的，欲荷屬法庭主持公道更是做夢，然則我們民眾對此事有何對付方法？曰有，而且只有一條路，就是一致團結起來與包庇獸類的渣華公司斷絕交易，實行華僑聯合會通電所謂「自今日起，勿搭乘渣華公司輪船，勿配寄渣華公司商品，勿起落渣華公司客貨，勿承登渣華公司廣告，勿刊載渣華輪船進出口消息，使荷人認識華人非獸，使全世界人類認識華人是人」，必如此才能使包庇獸類者感到切膚之痛。

聞廈門已對渣華斷絕營業關係，渣華輪在該處無業可營者共有八艘之多，將開來上海。我們願竭誠對廈門同胞頂禮致敬，同時要問上海以及各埠的中國人打算怎樣？

敬慰蕭女士

我們在女士的那篇〈弱女孤行途遇危險記〉裡知道女士於顛沛危殆之際，猶念念不忘在堂的老母，又知女士以一弱女而有家庭經濟的負擔，負有奉養老母的責任，已使我們肅然起敬，敬女士為一賢孝女子。及讀南京市立中區實驗學校通電，又悉女士專攻教育，曾在該校服務三年，治事極負責任，師生咸極信仰，又使我們肅然起敬，敬女士為一賢能女子。讀女士遇險記，有「吾國素重貞節，受此大辱，悲痛殊深，生在人間，有何樂趣？自殺之念復盤旋於腦海中矣」，竊以為所見之不廣，當知此種強暴行為，受害者無異被毒蛇咬了一口，或被瘋狗傷了一處，與受害者的道德是毫無關係的，故女士的道德仍是純潔而無絲毫的缺憾，女士仍是一位賢孝而又賢能的女子，女士仍當自愛其身，為中國的教育前途努力。至於我國社會上的人，尤該知道女士因身為中國國民而遭此侮辱，做中國人的人對女士都該覺得歉疚。

尊意云何？

在十月二十日的國府紀念週席上，蔣主席報告中提及「前天有一個外國的外交官曾對本席說我以一等國視中國，尊意云何？我們聽了這種侮辱的話，是何等可痛！」後來我們知道此所謂「一個外國的外交官」者，即最近來華視察的日本外務省次官永井。他那個嘴巴上噴出的「尊意云何」四個字，實含有無限揶揄中國的惡意，故日人辦的電通社十月廿二日東京電，僅謂永井對蔣主席有「以一等國待遇中國」之語，把「尊意云何」的卑劣口吻輕輕丟開，或亦由於內心自慚，不願再提吧。

在永井自以為把這個問句可以窘迫中國的時候，他大概總是念念不忘地想著他自己是一等國的外次。其實日本之是否一等，他掛不掛在嘴巴上，或擺不擺在額骨頭上，是絲毫無所增損的。就尋常個人說，就是有些真本領，一定要掛在嘴巴上或擺在額骨上驕人，沒有人不覺得是可鄙的；如今永井身任外次遊歷鄰邦，說出那樣可鄙的話，於日本外交固無絲毫裨益，徒在日本人所時以親善標榜的中國人的腦子裡留下不可磨滅的憤恨，這種傖頭外交官吏實在是日本倒著霉送出的蠢貨，在永井自以為可以洋洋得意，我們冷眼旁觀，實覺鄙賤到了極點，所欲掩鼻而過，作三日嘔！

記者力言永井行為之可鄙，意在表示我們無論何時不該也不願效此可鄙的行為。其次我要問全中國的人民對此傖頭外交官吏對中國的侮辱，「尊意云何」？我以為永井何物小丑，有何力量配說把不把一等國視中國？中國之能否為一等國，絕不因此小丑的「視」法而有絲毫的差異。然則其樞紐何在？在全中國的人民。全中國的人民有使中國成為一等國的決心與志氣，中國即可成一等國；全中國的人民如願忍受此小丑之侮辱而不思振作，則小丑洋洋得意的機會正多！

自覺與自賤

自覺心是進步之母，自賤心是墮落之源，故自覺心不可無，自賤心不可有。本期滄波君自英通訊，提起我國駐外的公使館領事館，有的連牌子都不願掛，國旗都不願懸，這種習慣是否已普及於我國駐外的外交機關，雖不可知，但有此事實之發現，已足引起國人的注意。我們試分析這種心理，實含有自己看不起自己的祖國，自己不願做中國人的意味。試再作進一步心理上的分析，便知這是發生了自覺心以後的自賤心。以堂堂代表一國的外交官，乃具有這種自賤心，已屬可痛，而依默察一般人所得，深恐這種變態的心理不僅限於所謂外交官也者。這種潛伏的禍根，苟非剷除淨盡，則我們的民族前途實禍多而福少，進步減少希望而墮落的路愈跑愈遠。

所謂自覺心，簡言之，即自覺有何長處，便當極力保存而更發揚光大；自覺有何短處，便當極力避免而更奮發有為。自覺心所以能成為進步之母者，即在乎此。若自覺有所短而存著自賤的心理，便是自甘永居卑劣的地位，所得的結果是頹廢，不是進步。

我國在此混亂時代，當然有許多不滿人意的地方，我們所該努力的方向是要靠我們自己群策群力把不滿意的地方使它變成滿意，否則你儘管不願做中國人，終究是中國人。不願掛中國牌子不願懸中國國旗的中國公使或領事，不見得就因此一躍而為其他什麼特別出風頭國家的大公使或大領事；不見得就因此可以獲得別人的特殊尊重。想穿了這一點，我們自覺之後，只用得著自奮，用不著自賤。我們當光明磊落泰然坦然的做中國人，盡我們心力做肯求進步的中國人。無所用其自大，亦無所用其自賤。

文明國的文明行為

荷商渣華公司芝巴德輪大副二副汙辱我國蕭信庵女士一案，記者曾於本刊第四十七期〈欲蓋彌彰的獸行〉一文痛斥上海該公司經理強辭掩飾之無恥。最近消息，該公司亦知中國輿論之非盡麻木，中國民眾之非盡冷血，有與該公司斷絕經濟往來的決心，不得不稍戢其凶焰，將大副二副免職，船主及醫生降調，便想就從此馬虎了結，並由買辦何錦鏞恭備菲酌，請各團體各報館吃一頓，華僑聯合會特於本月四日通告各界勿受其愚，通告中並補述該公司經理恬不知恥的幾句話，說蕭女士年已三十，滿面麻點，似無被汙資格，可見文明的荷蘭國裡凡是女子面上無麻點而又年在三十以下者都有受外國人隨意強姦的資格！這種文明的行為實非高尚的中國人所能了解，高尚的中國人裡面也產生不出那樣強姦外國女乘客的大副二副。

閒話少說，記者愚見以為華僑聯合會及熱心主持正義的各團體當研究並提出對方應執行之最低具體條件。華僑聯合會最初宣言，有「在芝巴德之獸類大二副未嚴厲處刑，荷蘭政府未正式向我民族道歉，蕭女士未得到相當賠償以前，絕不停止（抵制渣華輪船公司所有船隻）」，所謂「嚴厲」，所謂「相當」，都須依法酌理加以具體的規定，庶幾目標明瞭，群力奔赴，易於堅持到底而達到所期望的目的。

戒慎恐懼的局面

有作為的個人對於成敗的態度應該是得意時勿放縱，失意時勿頹喪；有作為的團體，乃至有作為的民族，也都應該這樣。但應該這樣是一事，能否這樣又是一事，所以值得我們的特殊注意。

邵力子氏近有一次在中央黨部紀念週中演講，其中有數語值得大書而特書：「凡在戰事中間，沒有不經過困難危險的，自應藉得教訓而有進步，而過去事實竟不如此，因為戰事一經過去，就把困苦艱難一齊忘掉了，人人都講辛苦久了，應該休息一下，舒服一下，更有邀功圖報者，像這個樣子，雖有確定勝利，亦無進步心理。中西歷史比較起來，中國歷史向來是一治一亂的循環式，西洋歷史則不論和平戰爭，皆為螺旋式之進步，我們乃是一個走馬燈式，走來走去走不出燈的範圍……今當討逆勝利和平建設的歡喜時候，我們更應戒慎恐懼改正以前的毛病，於整個的黨國工作上力求進步。」

此次國內的劇戰，雙方死傷總數達三十萬人，雙方軍費總數達二萬萬元以上，人民生命財產因戰禍而犧牲者尚不可勝計，以如此重大的犧牲，不過謀得苟延殘喘民窮財盡的統一局面，此勉強獲得的統一局面，其可貴在為將來國家建設求得起碼的基礎，而非謂在目前即已與人民以若何的福利，故此時實應為大多數民眾福利而努力建設的開始，而非少數人彈冠相慶的機會。在平民方面，戰前受苦，戰中受苦，戰後仍在受苦，實無時不在戒慎恐懼的境地中；唯在一般以拯救平民為己任的大老闊老，慎勿徒知裝上歌功頌德的嘴巴，慎勿徒知悶著頭厚著臉但為妻族子姪狗親狼戚搶奪優差美缺，要切實拿點天良出來做幾件有裨國計民生的事情，庶幾民生不至民死，國運尚可挽回，不至再跑到「走馬燈」上面去。

痛快

荷屬南洋孟嘉錫中山公學校長馮漢悅君因宣傳我國國民黨黨義，被荷當局宣判監禁一個月，旋又突命打手印，下驅逐令，押送上船，不容置辯，忍辱出境，據說荷當局至不許我華僑學生以「努力前進」為文題，不許我華僑學校懸掛中山先生遺像，其思想幼稚固可笑，其橫蠻無理尤可恨。又據馮君到滬後所談，荷當局之對待歐美各國與日本，均與荷人一律，唯華人與馬來土人，則皆奴視之，然日本之得荷國尊重，為時未幾，嘗聞數年前，荷人之待日人與我人相彷彿。某次，有一日人入口，荷屬當局說他患有神經病，日領事交涉既不得效力，於是致電本國，凡以後之荷人至日本者，日本當局即將他們逐一檢查，對每一荷人必猛擊其頭顱，而以聽筒傾聽，荷人如或質問，則檢查之日醫必傲然曰：「我國並無神經病的日人前來荷屬，荷醫竟斷為神經病，是足見荷人本身之有神經病，以是荷人來日，必須逐一加以詳細檢驗」云云，荷人大懼，乃致電本國，於是荷當道始知日人之不可欺，一反從前態度，且畏之如蛇蠍。日人的這種舉動可謂痛快之至，荷屬當局那樣的「賤骨頭」，非如此簡直不能使他覺悟。我國誠要保護僑民，非國內力謀真正的統一，努力充我實力，練得一大批強有力的海陸軍，遇著不講理的「賤骨頭」，就打他一番，實無其他根本辦法。

飯桶領事應即撤回

在南洋孟嘉錫有我國領事名王德棻者，當蕭女士被汙事發生後，該處華僑相率請王提出交涉，王先竟一味推諉，謂蕭女士之被汙恐有別情，眾大嘩，包圍不去，王始令蕭女士自己起訴。此次馮君被逐事，他初假裝不知道，後被該處黨中同志請願，仍不敢抗議，只敢詢問監禁理由，被荷當局轟一頓不敢作聲而回！交涉成敗是另一問題，但像王老爺這樣不敢開口，而又死要做他的領事，可謂超等飯桶，我國外部應即將他撤回，勿令這個飯桶再在國外丟臉。

勵志社的祝捷盛宴

十一月十四日晚蔣主席夫婦在首都勵志社舉行祝捷盛宴，赴宴者有新到京的張副司令，全體中央委員，各院部長，軍事長官，及各國公使暨代辦等夫婦，約六百餘人，並演劇助興，車水馬龍，歌舞昇平，極一時之盛，說者謂太平景象充滿首都。中國幸告統一，國民於災難喘息之餘，逢此建設初基開始顯露之際，其滿腔希望的欣喜情緒，殊不遜於袞袞諸公，唯「太平景象」尚僅「充滿首都」，試睜眼四望全國各地兵禍所遺之慘況，與匪患正熾之凶焰，則滿目瘡痍，哀聲震耳，揆以昔賢「先天下之憂而憂，後天下之樂而樂」的懿訓，痛念中山先生彌留時不忘「救中國」的慘呼，則天下未樂（那時的天下，猶僅指中國），中國未救，愚意與其鋪張粉飾以長虛囂之氣，不如戒慎刻苦以堅奮進之心，且以「勵志」名「社」，顧名思義，則所當互「勵」者尤應在此而不在彼。

印度志士與英帝國主義死抗，為全印度千百萬人所尊崇的甘地堅苦卓絕，感人至深，至今仍在葉拉扶達獄裡，其信徒被捕入獄者已達二萬餘人，尚有信徒仍在進行革命者數十百萬人，無不一一存著自甘入獄的決心，愈是領袖愈是獄犯的候補者，他們絕非以入獄吃苦為賞心悅目的寫意行為，而獨能前僕後繼，甘之如飴者，蓋實如甘地所嘗自謂「每念及印度同胞匍匐呻吟於少數來自異域者之足下，即覺滿身顫慄，一刻難安」。記者愚妄之見，以為中國目前所處地位既未脫離中山先生所謂「次殖民地」，而民生慘苦，隨處而是，以救國為己任的當局與國民黨黨員，以救國為己任的全國知識分子，在中國一日未達到中山先生彌留時所慘呼的話，便一日要覺得「一刻難安」，否則徒給有識者以哀傷悲痛的感觸，絕難引起歡欣鼓舞的心緒。

人力車夫所受的剝削

三四年前胡適之先生漫遊歐美，對中國的人力車大發慨嘆，他認東西洋文明的界線只是人力車文明與摩托車文明的界線，說「那些圓顱方趾的同胞努起筋肉，彎著背脊梁，流著血汗，替我們做牛做馬，拖我們行遠登高，為的是要掙幾十個銅子去活命養家……」人力車也稱東洋車，來源出自我們的東洋矮弟弟，似不能戴上中國文明的帽子，但「那些圓顱方趾的同胞」之「做牛做馬」，則百喙莫辯，而應為國人所引為萬分疚心與奇恥，似亦不至有人否認；如今卻有人在這班「牛馬同胞」身上拚命剝削！據本市人力車夫代表劉輔卿等數十人最近所發表的反對公共租界各車商增加車租宣言，公共租界通行華法兩界之人力車以八十五元之成本，月得淨利三十餘元，近又通告增加一角（計每日十三角五分），怪不得他們斥為「只知剝削利己，不顧車夫死活，實屬毫無心肝。」不過他們呼籲各界一致援助，恐怕只有白說，還是要靠他們自己團結起來奮鬥。

廈門當局袒荷之荒謬

凡是做中國人的人，對於蕭女士被荷獸汙辱一案，倘尚略有心肝，未至全無面皮，想都不免要表示同情與援助。但本月十七日由廈傳來消息，據說廈門警備司令林國賡呈請閩省政府取締援蕭委員會抵制渣華輪，若所傳果確，我們不禁要捧著孫先生的《民族主義》放聲痛哭。孫先生在《民族主義》裡很鄭重地告訴我們：「大家要聯合起來，成一個大國族團體，結成了國族團體，有了四萬萬人的大力量，共同去奮鬥，無論我們民族是處於什麼地位，都可以恢復起來。」我們抵禦任何外侮，都應有這樣的一致團結的力量。我國外部近接駐華荷使電請取締抵制荷輪，答以「蕭案如能公平處理，憤激自可平息」，我們以為這是最合理的態度。今廈門當局果敢倒行逆施，實為全民族的公敵，全國輿論界與民眾應起而鳴鼓嚴攻，務使奸膽寒落，勿遺民族之羞。

對蔣張避名致敬的問題

首都新聞記者近奉某機關通知，謂蔣總司令為全國之重要人物，奠定國基，討伐叛逆，尤為勞苦功高，張副總司令則擁護中央，底於統一，亦復功在黨國，均應致敬，以後報紙上凡需刊及蔣張二氏之名者，應書「蔣總司令」及「張副總司令」，不得直書「蔣中正」及「張學良」字樣云云。就我們做國民的地位看去，蔣氏之「奠定國基，討伐叛逆」，張氏之「擁護中央，底於統一」，使已經焦頭爛額的苦百姓不必再繼續至傷臟腐心，國民對於他們兩位之「均應致敬」，似乎應該是出於自己情願的。但是記者卻頗疑於「避名」是否「致敬」的條件，今後我們國民之所希望於蔣張兩氏及他們兩位之所應貢獻於黨國者，是否可恃「避名」而彰著。

韓退之在今日總算是思想落伍者，他的大作裡有一篇叫做〈諱辯〉，說起「漢諱武帝名徹為通」，又說「諱呂后名雉為野雞」，可見強迫人民只敢「通」，只敢叫叫「野雞」，是對專制時代的皇帝如漢武帝一流人物「致敬」的辦法，是對聲名狼藉的專制皇后如呂氏一流人物「致敬」的辦法，如以此辦法「致敬」共和時代的政治領袖，實等於重大的侮辱！思想落伍的韓退之並還說了幾句思想不落伍的話，他說「唯宦官宮妾」才兢兢於避諱皇帝的名字，「以為觸犯」。如今我國並沒有皇帝，而國民倘以「宦官宮妾」自居，何以對手創民國的總理？何以對自己的人格？而對於共和時代的政治領袖亦實等於重大的侮辱！唯其如此，故雖以全國國民所「致敬」的國父，而中山縣，中山道……在老百姓的嘴巴上儘管叫著，如以「避名」為「致敬」的條件，則國民對國父何其不敬之甚！

軍事結束以來，蔣氏對於勵精圖治的種種宣言，實沒有一句不合於全國國民胃口的話，張氏維持國內和平統一以禦外侮的談論，也是全國國民所喜聽的話。記者以為蔣張兩氏今後對於黨國之實際貢獻全在盡心竭力使所發出的支票兌現；全國國民誠欲「致敬」，應該注意督促協助他們兩位使所發出的支票兌現；蔣張左右誠欲「致敬」，亦應該盡忠竭智輔助他們兩位使所發出的支票兌現。

全國圖書館之激增

據中華圖書館協會最近調查所得，現有之全國圖書館共有一千四百二十八館。民國十四年十月首次調查僅五百零二館，至十七年十月調查時，三年之間增加一百四十館，此猶不足異，自十七年至今才二年，竟驟增七百八十六館，圖書館之增加既是國民知識增進的表現，則此種激增現象實是一件可喜的事實。二三年來內戰頻仍，災患迭乘，而與國民文化有密切關係之圖書館數量猶能有如此之增加，可見國民求知心之迫切，可見一般國民知識之增進，但在此可喜之點，當然尚含有抱憾之點，即假使國事安定，民業興榮，則民智之長足的進步，更是意中事，更不止於此。

知識增進不限於讀書，而讀書實為增進知識之一重要途徑。昔者曾滌生在軍書房中，甚至四面受敵的時候，依然抽閒讀書。孫中山先生一生在忙中過去，但他卻也在讀書的生活中過去。他一生的生活，無論是在有職務時，或者是暫在休養時，每日一有餘閒，總是手不釋卷。他就是在奔走革命忙得不可開交時，總帶有幾本關於革命方面的最新出版物，時常仔細研究，就是在火線上督戰，也帶有許多書籍雜誌，軍事上工作一停，便把書本拿到手裡來，從容不迫的看下去。他所著的《三民主義》和《建國方略》等書，參考西籍數百種，都是在百忙中閱讀的。

友人李公樸君出國兩年，我最近問他何所得，他說不過學得讀書的習慣，懂得如何讀書，我覺此語很有意味。我國往昔把人民分為士農工商，讀書好像是士的專利，農工商就好像無須讀書。現在的世界潮流是無論你往那條路走，都有讀書的必要。但晚近我國雖有新式的學校，大家好像僅把讀書的事看作校內的事情，畢了業做了事便從不想看書，他們對於新出的好書好報是永遠風馬牛不相及的，所以往往年未老而思想已老，身未朽而思想已朽，因為他口糧雖未絕，腦糧已絕！現在圖書館竟能激增，這種毛病也許已減少了一部分，這是值得表而出之的一件事。

「真金不怕火」

陳布雷先生在浙江省黨部闡述「四中全會黨員訓令之意義」，有一段說：「中央認為本黨是志在救國的一個革命的政黨，不可以沒有徹底自頌的勇氣和砥礪黨德的決心，與其讓人民去懷疑，不如由自己來整飭。常言道『真金不怕火』，我們真能個個黨員鍛鍊成精純無疵的金剛不壞身，自然不怕全體人民不來真誠擁護我們的主義，和我們一齊來努力，否則陽奉面諛者愈多，背憎腹誹者未已，這種虛偽的威嚴，以革命自任的本黨，又何貴有此呢？」

「真金不怕火」！記者覺得陳先生關於此語的幾句解釋，不但「以革命自任的」國民黨全體黨員應念茲在茲，即我們對於一己的鞭策淬礪，對於國事的努力促進，都可以作如是觀。就個人言，但求「金」之果「真」，而無須「怕」、「火」之猛烈。能徹底明此真諦，則但求諸己而無怨乎人，舉凡炎涼世態，困苦艱難，均不足以動吾心而絲毫損我進修之勤與服務之勇。以言國事，則足為佐證的事實亦隨處可見。

日本於本年十一月間閣議通過此後對中國勿再用「支那」而改稱「中華民國」，這種新聞何以不見於內亂正熾之時，而獨見於軍事結束統一告成之後？其實我們所要自問的，還是

「中華民國」的本身怎樣。他人之硬要「支那」一下，我們不必垂頭喪氣；他們忽而「中華民國」起來，我們也不必沾沾自喜：我們到底怎樣，還是怎樣。

最近英外相韓德森向英政府建議速同情於中國恢復司法獨立權運動，修改中英舊約交還租界租借地，對中國合理要求表示好意。又我國最近照會日法兩國收回漢口日法租界，日雖尚在裝腔作勢，聞法已有允許考慮意。凡此種種雖尚未成事實，但即此消息，何以不見於內亂正熾之時，而獨見於軍事結束統一告成之後？我們自己的爭氣努力有如氣候，環境之反應有如寒暑表中的水銀。

民窮財盡中的闊人做壽

十一月二十九日《申報》載：「皖省府主席陳調元，昨為其母壽辰之期，昨今兩日，在滬西極司非而路本宅陳設禮堂，遍紮彩色欄杆，門外亦紮有五色松柏電燈牌樓。昨日自朝至暮，滬上各機關長官，暨黨政軍界各要人各團體等均親往祝嘏，並有梅蘭芳及大舞臺全體名角堂會……晚間盛筵遍張，歌聲盈耳，為滬上近所罕有之盛況也。」又另一報告，陳宅花園中建有臨時劇場，內裝熱氣管以禦寒，此次慶祝所耗在十萬金以上，聞僅廠屋一項代價已須五六千元，由某財廳長獨任云。嗚呼！在此民窮財盡，哀鴻遍野的中國，身居高級官吏，何得有此喪心病狂的舉動！

此種行為如出於北京政府時代之軍閥官僚，我們做小百姓的不願有一字的批評，因為全無心肝不知人世間有羞恥事的軍閥官僚，彼等心目中原無國家與人民福利的影子！如今乃出於勵精圖治，以秉承中山先生遺志救中國的國民政府下之高級官吏，我們一方面念及蔣主席在國府總理誕辰紀念會中所謂「願在此軍事結束以後，大家共同一致，下一極大決心，要造成廉潔政府」，及副司令張學良氏所謂「總理事業為國為民，非自私自利，願各位遵照總理所為，然後自然有廉潔政府」，以為此誠為一般國民所熱望能夠實現的政府；同時哀痛全國各處災難人民之啼飢號寒，急待賑救，試讀陝民最近乞賑之電，「路旁白骨，村中絕戶」，「流亡載道，死喪枕藉」，「慘情苦況，亙古罕聞」，苟有人心，能無悲惻；而又一方面卻看到一擲巨萬闊闊的青天白日下的高級官吏，不知他的錢是那裡來的，本人不以為恥，社會不加制裁，且有「黨政軍界各要人各團體等」趨蹌恐後的湊熱鬧！嗚呼！哀莫大於心死，中山先生在天之靈而有知，哀此民生，復見此奢侈荒謬的公僕，其唏噓悲憤之情狀必有非吾人所忍言者！

學潮之謎

我國的大學在學術上有什麼「大」處，記者不敏，不大明白，不過有一種「大」是近數月來的事實明明擺在我們眼前的，便是慣於「大」鬧學潮。最近廣州的中山大學又聞風興起不願落人後的「大」鬧其拒金（金曾澄，原任廣東教育廳長）迎戴（戴季陶，現任考試院長，已辭職的中山大學校長）的「大」學潮，他們的宣言裡第一段就說：「近數月來中國的教育界實在是不幸極了，清華驅長運動發韌於前，中央大學校務改進的風潮和勞動大學改組的風潮繼起於後，這種現象所給予我們的深刻的現象，只是感覺中國教育前途是十二萬分的悲觀。尤其一想到一般青年學子出於環境的驅使，不得不把寶貴的光陰犧牲於這種風波中，更覺沉痛不置啊！不幸我們總理所手創的中山大學竟亦陷於這種境地，這又是多麼扼腕痛心的一件事呢？」他們所引為同調的「大」鬧學潮的「大」學似乎還忘卻一個鬧得也很「大」的中國公學。我們滿耳朵所領教的是今天這個「大」學迎這個拒那個，明天那個「大」學拒這個迎那個，以後「大」學裡「大」可以增設切於實用的一科，叫做「迎拒學」，善於煽動迎拒風潮的教授可以睜著眼睛張大喉嚨來擔任「迎拒學」的「大」教授，善於鼓動迎拒風潮的學生儘是「迎拒學」的高材「大」學生，熱心奔走，致志吶喊！諸君毋以記者為作囈語，試閉目以思，最近鼎鼎大名的幾個「大」學，實際狀況是否這樣？他們不在「大」學裡「大」研究其學術，卻為著「迎拒」而「大」忙於寫標語喊口號，「大」忙於草宣言，「大」忙於打通電，「大」忙於乘汽車散發宣言，「大」忙於總罷課三天作示威運動！這真是「大」其所「大」而絲毫無補於「大」學之所應學。他們對於這種舉動儘管「感覺……十二萬分的悲觀」，儘管「更覺沉痛不置」，儘管「多麼扼腕痛心」，但一面卻儘管「大」鬧學潮！聽說此次中山大學的「大」學潮中「拒金迎戴會」的組織還有什麼「總司令部」，推某某為「總司令」，領導罷課示威，那更是「迎拒學」裡的最新教材了！

但是我們終希望我國的「大」學能在學術上發揚光「大」，勿在學潮上盡量擴「大」。

日對我之驚慌

據世界新聞社東京特訊，日人近來對於我國咸抱忌嫉態度，殆視我國和平統一為日本之大危機，滿鐵當局，對華貿易者，及陸軍省中人，此種態度為尤甚，一般空氣漸轉向於對華強硬外交，凡主張積極保護「滿、蒙特殊利益」而謳歌田中內閣積極政策之流，群起抨擊現外相幣原外交之無能，政友會攻擊民政黨之重心亦漸移向於外交方面，日政府有鑑於此，遂於上月底由拓殖外務兩省（日稱部為省）密議關於滿、蒙之各項困難問題，一致議決所謂「新滿、蒙問題」，其詳細內容雖祕不宣布，但就各報輿論及各方推測觀之，不外嚴厲阻止中國在東三省建築各鐵路之計畫，增派警備隊實行武力壓迫，並在我東三省設大規模的兵工廠，已在著手籌備云。

總之，我國幸告和平統一之後，不過得到建設的起碼基礎，在建設方面尚說不到有何切實的成績，已使日本駭汗相告，其驚慌失措之情狀，實已昭然若揭。我們對於此種現象實可謂一則以喜，一則以懼。所謂一則以喜者，侵略中國者之窘態，即表示中國有不易再被侵略的緣故，也就是中國的進步。妒為畏的初步，畏為敬的初步，從前中國不在日本的眼裡，現在知道妒，知道畏，便是中國的進步有以使他妒，使他畏，我之所謂可喜者，不在乎他的或妒或畏，而在乎我們有以使他妒使他畏的所在。

但是他既妒而且畏，則所以防我制我暗算我者必更周密狠辣，而我之所以禦之者必須有更堅固的全國的團結與努力，全國各方面對於此點有無徹底的覺悟與深刻的認識，能否不再作繭自縛而徒令敵人之竊笑於其旁，這是很可懼的一點。

其實這種情形不限於日本，凡曾對中國侵略的各國都有此趨勢。從前他們都視中國為可以任意侵略的國家，自中國近年有了較大的覺悟與努力，尤其是從孫中山先生提起不平等條約之流毒而喚起全國的特殊注意以來，列國已覺中國之未易再被侵略，故只竭力保全其已搶得的權利。我們要恢復國權，非有更大的團結與努力不可。

再論學潮之謎

記者深痛我國有幾個所謂最高學府者，近來常在鬧學潮的天地中虛擲寶貴的光陰，故在上期有〈學潮之謎〉一文之作，言雖逆耳，意出至誠，其動機在「希望我國的大學能在學術上發揚光大，勿在學潮上盡量擴大」。但是這種不幸現象的責任到底是在那一方面，卻要根據事實為轉移。我們的意思並不是說不管阿貓阿狗來做校長，不管校務課程腐敗得怎樣不堪，做學生的都該俯首帖耳，絕對不問，倘有這種情形，那是主持教育者咎有應得，學生不得已的最後手段應獲得社會的同情。倘若並沒有這種情形，卻是由少數人操縱其間，有意掀起波瀾，以學生可貴的學業為犧牲，視學潮為家常便飯，此行彼效，使全國高等教育陷於破產的境地，則操縱者罪不容誅，而被利用者亦為國家社會的罪人。

每遇學校發生學潮，十之八九總聽見說有少數人操縱煽惑，推波助瀾，此少數人者或包括本校學生及教職員，或包括校外的野心家，無論如何，因此發生學潮，大多數人總因極少數人而大遭其殃。照理大多數人的共同制裁力以及主持公道的力量都比極少數人為強烈，何以反以大多數人而受制於極少數人呢？此中有一個極重要原因，就是號稱好人者都喜歡處於袖手旁觀或中立的地位，所謂不喜管閒事——其實是有切身關係的大事——於是大多數人的共同制裁力等於零，公道消滅，正義無存，一任極少數人之橫行無忌。否則以大多數人的共同制裁力來維持公道，主張正義，極少數人都須抱頭鼠竄而逃，尚何有作威作福之餘地？例如中國公學不久以前學潮方熾時，各報所載消息竟在同一報上同一日期而登出自相矛盾的消息，記者特打電話問胡適之先生到底怎麼一回事，他說確有千人以上歡迎馬君武校長，以如此大多數人的公意，當時竟任少數人之興風作浪，其癥結亦在好人不管事，於是暴戾橫蠻者乃愈肆無忌憚。

浙省政府改組中的考察費

有署名「應鸞」者自杭州投函本刊，據說「浙省政府改組消息傳出後，一般善於奉承的祕書處長市長縣長團長等大起恐慌，知道自己的位置再不能保留，就異想天開，環求主席各界予以出洋考察的名義，藉此多得一筆大款，主席居然就在獨腳戲的會議席上個個通過，某也考察財政，某也考察政治，某也考察警政，某也考察陸軍，你一萬，他八千，總共又支了幾萬塊錢。在目今浙省財政百孔千瘡的時候，別的緊要費用都可擱置，但是這一筆考察費委實一個也不欠，個個現錢到手，喜顏逐開……這一大批考察專員是否實在出洋考察，外人不得而知……」我們知道張靜江氏為中山先生最信任的老友，曾為革命事業而破產傾助，當新任浙省政府張難先氏最近就職時，蔡元培氏代表中央致辭，言及張氏，亦謂張廉潔負責，況且「這一大批考察專員」未來的考察報告，想起來還能公布給我們看看，所以我們殊不願遽以小人之腹度君子之心。不過此種善舉若被他處誤會，互相傚尤，認為失業官員都有「考察專員」的資格，可以隨意妄耗公帑以充有名無實的出洋考察，在「現錢到手」者雖覺「喜顏逐開」，在公家方面似乎不免大觸霉頭！

查驗入上海的外國人

外國對於進口的別國人查驗得很嚴厲，尤其是美國、加拿大、日本及南洋等處，對於我們中國人尤其苛刻，而他們到中國來，向來是任意所之，有許多外國人視達上海等於本國一樣，怪不得他們目無中國，也由我們向來存著開門揖盜的態度。最近聽說上海市公安局依市政府訓令，將於吳淞設立查驗局，凡外人進口時必須呈驗護照，遇有不良分子即須擋駕，以後目無中國的外國人不能再像從前之趾高氣揚大踏步進來如入無人之境了。這真是新中國應有的氣象，上海市政府有此眼光與計畫，實值得我們的讚揚，我們但望此種計畫之能早日實現。

注重同等學力的考試規程

孫中山先生從前演講五權憲法時，有過這幾句話：「沒有考試，就是有本領的人，我們也沒有方法可以知道，暗中便埋沒了許多人材」，可見他對於考試所注重的是「本領」，是「人材」，有同等的「本領」或同等的「人材」，都應該讓他們有由考試以表現的機會，中山先生並未擱開「本領」或「人材」而告訴我們說非有一紙文憑的都不准應考。最近考試院考選委員會委員長邵元沖氏發表關於考試的談話，謂「四月初至六月底止，舉行檢定考試，按照法規，應高等考試者須大學或專門以上畢業，應普通考試者須中學以上畢業，但中國亦有自行修業，其程度盡有堪與大學或中學同等，均特與以機會，使應檢定考試，經檢定後，即可應高等或普通考試」，邵氏此語可謂能體中山先生注重「本領」與「人材」的遺意。繼見考試院所公布的《檢定考試規程》，亦明白規定「有中等以上學校畢業之同等學力者，得應普通檢定考試；有大學或專科學校畢業之同等學力者，得應高等檢定考試」，此種不忘注重「本領」與「人材」的辦法，比銓敘部之呆照已否立案的學校畢業證書以吹毛求疵，教育部之呆照有文憑無文憑以壓迫蠻幹，高明得多了；現在一般青年所最感煩悶者為求學與求業問題，當局應該虛心誠意替他們多籌一條生路，不應該裝腔作勢替他們多加一條絕路。

中國創辦新教育三四十年以來，博士車載斗量，學士滿街都是，一方面常嚷人浮於事，一方面時聞才難之嘆，無非空銜頭的飯桶多，能辦事的實才少，所以我們此後應竭力提倡「本領」，應竭力提倡「人材」：使求學者深明虛有其表的空架子之不足重，重在求得「本領」而造成「人材」；使求事者深明東鑽西求的講情面之不可恃，只恃確有「本領」而有所貢獻的「人材」。

平民住宅與闊人洋房

上海市政府平民住所委員會自去年八月於閘北全家庵路及滬南兩處，建造平民住屋五百間，近已完工，由碼頭工人及人力車夫等一般平民遷入居住。在最近復將添築平民住屋一千間，預定每間建築經費二百元，並設公共禮堂及民眾教育館，藉便發揚黨義，宣傳文化，不久即將興工。市府當局能努力於這種下層工作，腳踏實地的做去，實非空嘴說白話，高唱民生者所能望其項背，我們以為各地市府及行政當局應視為模範，勿讓上海市府專美。此種平民需要援助之迫切，上海最近因天氣嚴冷而發生的一幕慘劇很可以表現一二，其事實大概如下：上海共和新路北草棚內，拉黃包車之鹽城人季小四子，年近五十，於一月十一日晚拖夜班車歸，因被縟單薄，睡至翌晨，其妻王氏已往絲廠工作，季獨自睡臥破絮中，鄰居不見其開門，入內叫喊，不料小四子已僵臥於被絮中，撫之業已氣絕斃命，不知何時凍死，當經該處鄰人將王氏喚歸，痛哭不已。這種新聞在闊老眼裡也許算不上「要聞」，但我們對於這一對自食其力的賢伉儷實不禁表示無限的同情與悲感。

同時我們聽到胡漢民氏在首都國府總理紀念週中演講「官吏無自由」、「希望勿多擅遊上海」，提起「高級官吏竟在租界購買房產」，在胡院長視此事為詫異，其實我國的顯貴，尤其是狗彘不食的軍閥，誰不在租界裡購置五六萬元十幾萬元的大洋房？這已成司空見慣毫無足奇的現象了。但是我們到底不得不表同情於胡氏的詫異，而鄙賤這種司空見慣毫無足奇的現象。我們試想，拿十萬元一所的闊人洋房，化為二百元一間的平民住宅，豈不是一個住宅便可化為五百所住宅？但在事實上卻由一個「公僕」或是「劣僕」占去了五百個十足不扣的「主人」的住宅！我們要望中國的興盛繁榮，不得不希望前者的數量日益減少，後者的數量日益加多。

教育部的軍閥手段

教育部駁斥好幾個大學的新生入學資格，我們曾屢在報上領教過，其理由不在各生入學考試的成績夠不上，是在他們所從畢業的原校未在教育部立案！最近又見教部駁斥燕大新生入學資格的新聞，報上大書特書著「未立案私中畢業不能升學」的標題，內容是教部根據民國十八年七月間公布的《大學組織法》，謂「大學入學資格，須曾在公立或已立案之私立高級中學或同等學校畢業，經入學試驗及格者」，因此駁斥燕京大學關於十九年度所招第一年級新生一百二十八名的呈報，謂「今該校新生之中有趙善蔭等九名，均係未立案之私立學校畢業，應令其退學，以符定章……仰轉飭祇遵」云云。想燕大當然不敢不「祇遵」而把這九個「經入學試驗及格」，或已勤奮讀了一年半載的好學青年，忍心「令其退學，以符定章」；而這九個無辜青年雖千辛萬苦「經入學試驗及格」而確能在該校聽講受學，亦不敢不「祇遵」而慘然含冤離校，永遠（除非到教部當局良心發現的時候）淪為流離失學的中華民國國民。這是教部為國家增加失學國民與不平冤氣的功績！

私立學校之應加以整頓，這是我們所承認的；整頓不得不從立案入手，這也是我們所承認的。但教部自己沒有充分力量對付私立學校，專與在私立學校求過學的無辜青年做死對頭，必置之絕路而後快，這實在是全無心肝的舉動！我以為教部如認為未立案的私立學校都要不得，應該直截爽快的早就勒令關門，一向既容其存在，是乃教部自己職守有虧，何得拿無辜青年來出氣？法律不追既往，教部起勁取締私校乃年來才開始，即所根據的《大學組織法》，亦在十八年才公布，在此時以前的私校學生誰又知道你教部當局轉了什麼念頭？如今有「入學試驗」來甄別，也儘夠了，必欲閉著眼睛黑著天良「令其退學」，彼等也與公等同是中國人，叫他們再到那裡去求學？

軍閥手段至少有兩個特色，一是蠻不講理，一是強力壓迫，初不料主持全國文化的最高機關也會用蠻強手段來壓迫無力抵抗含冤無處訴的無辜青年！

孔部長與女同事

首都各機關大抵皆有女同事，此固合於國民黨《政綱》第十二條所謂「在法律上，經濟上，教育上，社會上，確認男女平等之原則，助進女權之發展」，當然是一種進步的現象。唯聞前工商部長孔祥熙氏立志不用女職員，此次工商部與農礦部合併，改組實業部，孔氏仍任部長，農部原有的女職員十餘人雖百計運動加委，結果全數慘敗！當改組時農部方面曾將職員開單送工商部任用，孔氏選時因名冊中有某甲名字香豔似女性，孔疑為女職員，某乃名落孫山，後經人說項，始知係男性的專門人才，乃復用，其防備女同事之壁壘森嚴，可以概見。其原因何在，有人說當係尊重部長太太的政見，此係揣測之詞，似無事實為佐憑，故雖屬可能，我們未便遽信，但因此事之有趣，頗引起我們對於女子職業一事的研究興味。部長太太的政見如何，莫測高深，就我們平日聞見所及，以為最足為女子在職務方面之妨礙者有兩件事，一是出嫁，二是生產。一個機關裡的職務，初用的人往往是缺乏經驗，弄得東不接頭，西要疏漏，不免許多麻煩，等到人材訓練到了差不多諳練成熟的程度，信用與能力都可以分勞分責的當兒，倘若是男同事便可一路順風的助你下去，若是女同事，一旦出嫁，又來一個生手，真夠麻煩！有的雖嫁了出去，她的丈夫不在外埠，也許還可分出寶貴光陰來繼續服務，但常覺心猿意馬，倘一旦腹部開擴大會議，職務上又要發生麻煩了！我說這些話，都是事實，但卻無意反對女子職業，因為我們深信女子欲享人生的自由幸福，非能自立不可，欲求自立，非有職業不可。女子就業的人多了，漸漸的自能依著需要而產生種種新設備新方法來減少困難。所以記者對於孔部長的政見——也許是部長太太的政見——是不能表同意的。

教部新頒的救濟辦法

學校不良，固應嚴厲取締，教育部為取締未立案之私立學校起見，對於未立案私立學校之畢業生及肄業生亦加取締，至不准轉學或升學國立或已立案學校肄業，我們以為不良學校盡可勒令停閉，以免貽誤青年，而不幸已進過未立案私校之學生，其中並非盡屬不堪造就之材，若絕其求學之路，無相當辦法以謀救濟，則誠如上海九大學對此事呼籲之呈文所謂「玉石俱焚，未免不公」，故我們主張考試儘管嚴格，苟能經得起嚴格考試，不應因彼等曾進過未立案之私校而供無謂之犧牲，以致「進修之路，自此斷絕」（亦九大學呈文中語），總之認為不良之學校可使消滅，而不幸之莘莘學子，不應驅之絕路。去年暑期，教部雖有甄別試驗私校學生之舉，以通令時間匆促，且僅在上海一隅舉行一次，內地學生勢難周知，嗣後因文憑關係而斷絕求學之途者有之，因偽文憑而中途輟學者有之，尤慘者為好學窮苦之有志青年，學費沒收，身羈異地，求業無從，求學絕望，茫茫大地，哭訴無門，記者睹此慘景，輒憤然作其不入耳之哀鳴，不知者或咎記者何語之過激，不知被壓迫之青年，其悲憤實千萬倍於記者禿筆所能表示。茲閱一月三十日報載，教部已令各省市教育廳局於本年七月一日起，再舉行未立案私立高中畢業生升學預試一次，謂「是項畢業生為數尚多，自應予以升學之機會，以資深造，現定本年七月一日起，或於當地專科以上學校二十年度第一學期，招考新生以前，各省市教育行政機關應舉行前項畢業生升學預試一次」，如此則被未立案私校牽累之無辜青年，於求學得一出路，教部有此救濟辦法，使茫無所歸的青年由絕路中得一出路，我們深表同情而為無數無辜青年一慰。唯我們尚有一點小建議，即已經考試及格而在國立或已立案私校肄業的學生，因文憑關係（即只有未立案之學校文憑）而遭「應令其退學」無妄之災者，應按其現有之年級程度加以考試，俾於及格後，仍得插入其相當之現在年級肄業，勿限以畢業那一年的資格，免他們仍遭不合理的降級處分。

考試以後如何？

現在無數青年之最感苦痛者在求學求業問題之難解決，求學是第一難關，求業是第二難關，第二難關實較第一難關為尤難，誠以我國內戰連年，百業破產，其最有幸運者亦不過勉維現狀，而學校中每年新產出之人貨卻繼續不斷的源源而來，舊事業既不過勉維現狀，其中據著舊位置者既不能速死，新貨從何處得到銷路？益以公私各機關——尤以政治機關為甚——用人多以內親外戚為標準，非以人材為前提，即有一二新機關之設立，即有若干新人員之增添，亦非毫無關係者所能插入，故求業之青年望著社會實如銅牆鐵壁，無從得到出路，往往不得不跑入他們本來所不願跑的歧途上去。這種現象，據記者平日所得各方青年的來信與近來時常接觸的不少有志而窘迫無可為計的青年，深覺形勢之嚴重實隱伏國家社會無窮的禍機。

此種嚴重形勢之救濟方法，一在建設事業之積極進行，二在能予青年以表現能力的機會，三在用人制度須根本改造。建設事業之盛衰，與人材之容拒成正比例，此乃根本問題，但望當局能放大眼光。通盤籌算，努力實行，勿為少數私人圖利，須為多數國民造福，予青年以表現能力的機會，考試院正在規劃即將舉辦之各種考試，實為一種重要的方法，所望能細密公正進行，樹立國人對於考試之信任心。尤其重要者，則在考試以後如何？換句話說，即在考試及格後能否設法給以相當的工作。苟其不然，千辛萬苦考了一大頓，僅僅得到一紙「及格證書」，飢不可以為食，寒不可以為衣，於實際的生活問題仍是風馬牛不相及。欲免此弊，一方面在建設事業之真能努力進行，一方面在用人制度之真能徹底改造。如仍是不禁包庇私人的制度，不得入，入亦不得保障，則考試的效果全無，未免多此一舉了。

擴充升學預試範圍的建議

教部鑑於未立案私立學校畢業生為數尚多，認為「自應予以升學之機會」，最近已通令各省市教育廳於本年七月一日起，再舉行未立案私立高中畢業生升學預試一次，本刊前以當局對此事未有救濟辦法，茫無所歸的無辜青年殊堪憐憫，故屢作不平之呼籲，期獲相當之出路，今教部有此通令，有辦法勝於無辦法，肯體恤青年困難勝於一概抹煞漠不動心的態度，故記者在上期本刊曾對教部此舉表示同情而為無數無辜青年一慰。唯此種預試所根據的教部第五十一號代電所開示之「未立案私立高中畢業生升學預試章程原則」，記者認為尚有可商之處，其最重要之一點，尤在升學預試的範圍應該擴充。

依該「原則」第六條所規定，「考試及格者給與升學證書；不及格者，按其程度，分別降低年級，給予轉學證明書」，這種依各人實際的程度而各予以相當的就學出路，原屬公平的辦法，這一點是我們所願表示滿意的，唯依該「原則」所限制的應考者的資格，似乎這種公平辦法僅許人向下而不許人向上，何以言之？此種考試既限於所謂「未立案私立高中畢業生」，依該「原則」第三條所規定，「考試科目以公立高中或同等學校課程為準」，又依該「原則」第六條所規定，「凡收受初中畢業生修業三年之職業學校畢業生，均准其報名應試」，可見應考者初中畢業尚可，至多到高中畢業，程度低於此者，得「分別降低年級」，設有程度高於此者，卻無從分別提高年級，換句話說，如有人不幸在未立案的高中以上學校畢業或肄業，仍是沒有與考的權利，他們仍永無轉學或升學的希望，或只有「降低」而沒有依程度提高的希望，這不是只許人向下而不許人向上嗎？所以記者建議此次升學預試在程度上應擴充範圍，在資格上盡可不加限制，即由自修而有應考實力者，亦當予以與考的機會，這才是最公平的辦法。

已升且學者奈何？

我們所認為最不合理而一意孤行，絲毫不念及青年失學之苦痛者，莫過於教部對於未立案之私立學校畢業生，雖經「入學試驗及格」而已經升學且在繼續肄業中，仍忍心害理的勒令退學，強奪他們已得到的求學機會，以致徬徨歧途，哀痛欲絕，此種慘被壓迫之苦況，有人心者都應表示同情。教部對燕京大學新生入學資格之駁斥，記者曾於本刊第六期中痛切論之，此外見諸報端者，尚有清華大學新生轉學資格亦遭教部駁斥，都是已經「入學試驗及格」而已升且學的青年。據記者所知，滬上各校中學生雖有實際升學能力（都經過入學試驗及格及可以隨班聽講者），遭此「文憑災」而致含冤輟學怨聲載道者，已不少，其中尚未呈報而有待於教部駁斥者猶不可勝數。我們絕對不存袒護未立案私校之意，並且誠意贊同教部嚴厲取締不良私校之決心，唯取締私校是一事，妨礙青年求學之路又是一事，此實需要合理的具體辦法以解決的問題，絕非勒令退學的官樣文章所能塞責。今教部雖已決定於本年七月間再舉行升學預試一次，姑無論「只許向下不許向上」的一個缺點之需要修正，已如上述，而且在此試期以前，不幸已被不合理的勒令退學的青年，是否應該捲鋪蓋回家吃白飯，耗費極可寶貴的求學光陰，恭候此試期之光臨？姑無論強迫吃白飯之不該，而況如今兵匪遍地，民不聊生，苦學生居多數，籌劃學費，備嘗艱辛，遠地奔波，為況尤苦，家中有「白飯」可吃者實無幾人。故愚妄之見，以為已經「入學試驗及格」而已升且學者，應准他們仍留校照常求學，俟在校中學年考試及格，經教部覆核其成績，認為合格者，即應准其繼續肄業。倘屆時教部必欲令他們參加七月間之升學考試，其實效亦不過等於「覆核」，我們以為不必多此一舉；如必欲執行，亦應於此時先允許他們仍得繼續在原校求學，預試時尤應按其已有程度，不應以高中畢業程度為限，因為培養人材固不宜於揠苗助長，亦不宜於有意屈抑。

讀全國教育最近統計

讀教部最近發表之全國教育統計，頗有所感，玆撮述其要點如下：（一）中國現時只有大學三十四所，中等學校一千三百三十九所，若就全國人數加以估計，則一千萬人中只有大學一所，三十萬人中只有中學一所。（二）全國大學生有一萬七千二百八十五人，中學生二十三萬四千八百十一人，若亦就全國人數加以估計，則在二萬三千餘人中只有大學生一人，在一千七百餘人中只有中學生一人。（三）在全國中學生中，女生只占三萬七千六百零四人，若以全國女子人數加以估計，則在五千三百餘女子中，只有女子中學生一人。（四）大學生中所選擇之科目，以法律為最多（有三千五百零七人）；文科居次（有二千二百七十一人）；商科居第三（有二千一百三十五人）。

以人數如此之多而學校如彼之少，我們不禁有感於教育之亟須推廣與已受教育者的責任之重大。但鑑於學校所產出的實際人材殊少而高等遊民特多，則又懍然於教育制度之應徹底改造，否則學校即能加多，國內高等遊民亦隨之而俱多，是否國家社會之福，亦尚是一問題。

此外尤足注意者為大學生所選之科目，最多者為法律，我們已覺近年來東一個大律師，西一個大律師，即上海一埠，已有大到滿山滿谷之概，不久的將來恐怕要大到無處可容。文科是否有許多文的位置安頓他們，商科是否有足夠的新位置敷用，都是疑問。聞希臘教部最近以該國律師及醫士太多，供過於求，以致終年無主顧上門，無異失業，對此兩科學生人數特加限制，不為無見。唯此事須根據調查，非可即行舉辦。在個人方面，我以為當選擇其自信可以做得最出色者為之，勿專歆動於他人之已成事功，瞎湊熱鬧，而反湮沒自己之所特長；就自己所最能勝任的一條路走，才能自闢蹊徑，精研深攻，敏銳猛進，所向無敵，即有激烈之競爭，亦操必勝之左券。

始識中國文明

外國影片上遇有姦淫凶殘的腳色，往往喜用中國人——或冒充的中國人——來扮演，最多也不過輪著中國人做做「僕歐」，就是赫然以中國電影女明星聞於世的黃柳霜，在范朋克所主演的《月宮寶盒》裡，也不過派她做做赤身裸體蹺著臀部大磕其頭的女奴！本月初旬這位范朋克到北平遊覽，對我國故都之巍峨宮殿，精美雕刻，讚不絕口，自云未到中國前，僅憑刊物上及日本電影雇員之矇蔽，對中國真相極不明瞭，今日身臨中國，睹此故宮，始識中國文明，如以美國與中國較，不啻初生小兒；至武英殿參觀時，見夏商周三代之鐘鼎彝器已鑲有金絲，又謂足證中國在數千年前即熟於化煉之術，覺利用科學方法，中國實為最早；嗣見宮內各種絲織龍袍，又謂在中國已知穿絲織品時，西洋尚只知獵取獸皮作衣料耳，言下對中國文明表示十分欽佩之意。恭維的話最易悅耳，最易使人高興，這位范朋克能這樣前倨後恭的極盡恭維的能事，也許國人聽了要覺得骨骼為舒，心神為暢。記者敢敬告國人曰，中國的已往文明是歷史上的事實，是任何人所不能抹煞的，范氏前此之未識，不能損其毫末，現在之始識，亦不能增其毫末，故彼之前倨，我們不以為懼，彼之後恭，我們亦不以為喜，昔賢所謂「不患莫己知，患無可知也」，我們國民要抱著這種精神，努力前進。我們在歷史上的文明，是我們的祖宗先人造的，我們這一大堆不肖的子孫，現在所造的是什麼成績，我們要平心靜氣的問一問自己；我們現在在電影上被人看作只有「僕歐」可做，我們的同胞在國外乃至在國內的「次殖民地」上飽受外人的侮辱壓迫，我們的國家有無力量出來保護，我們要平心靜氣的問一問自己。我不是喜說煞風景的話，我以為我們的古文明已是歷史上的事實，不怕人埋沒，我們要注意當前的努力，要記著「不患莫己知，患無可知也」。

壯哉移民西北的先鋒隊

我國有兩種不可思議的現象，就是自己有廣土而不知利用，自己有富藏而不知開發。試一觀我國人口分布之繁密程度，江蘇每方哩平均人口達八百七十五人，浙江每方哩六百零一人，而滿洲每方哩只有六十一人，西藏和新疆每方哩都只有四人，蒙古則每方哩只有兩人。結果致全國七分之六的人口密集於三分之一的地方，擠得不可開交，擠得越厲害，生計愈窮蹙，而廣地沃土的東北西北，卻眼巴巴地望著外人隨意侵略，尤其厲害的當然要推素以親善為口頭宗旨的東鄰。據最近消息，日本因受「不景氣」的影響，以致失業人數達四十萬，在去年內有大學及專門學校的畢業生，就職者僅占十分之三，乃另闢生路，向我國滿蒙移民，今年春季各校畢業生有二萬餘人，教育當局調查各生求職志願之地點，願往滿蒙者近半數！去年往滿洲視察的日人達十六萬名，其積極侵略，昭然若揭。講到我們邊境的富源，試舉森林為例，我們只知道用外國木材，像遼寧東南山間森林之豐富，尤以長白、千山為盛，采發權已均歸日本！民七索性以吉黑兩省林礦為擔保訂借日金三千萬圓！真像敗家子弟，只知袖手押送，那知自動開發！

好了！在這兩種不可思議的現象中，晴天霹靂，忽有有志青年發起移民西北之宏圖，我們敬竭其至誠馨香祝禱此先鋒隊之前程勝利，為國光榮。此事由蘇省青年黃越、黃進、黃于端、陳虎生、秦敦化、高仁恩等發起，準備集同志千人，基金十萬圓，試往西北邊地新疆省之迪化與阿克蘇兩處墾殖，計劃待國民會議通過，得官廳保護，即開始成行。其計畫內容，記者尚未獲寓目，唯以此事之重要，敬先貢其管見如下：（一）諸君此種壯舉，不僅為己身尋出路，實為國家充實邊境為國人開闢生路之先鋒隊，於國家民族實負有甚大的責任，當排除萬難百折不回地幹到底；（二）諸君此行，宜有嚴密的組織，武裝的設備，一團同志即亦一隊精兵，甘苦共嘗，患難互衛，渙散則弱，團結則厚；（三）所得經驗或結果，隨時向國人公布，俾獲聞風興起，引起國人作大規模之移民。關於第三點，本刊尤願竭其棉薄，騰出地位，供諸君作報告或宣傳之用。

實業部籌劃創辦五大工廠

聞實業部為發展國產實業，救濟失業國民起見，將在首都創辦毛織棉織糖類等五大工廠，每廠經費一千萬圓，已由主管司草擬計畫，經費擬請中央發公債，定年內完成。此事具體計畫尚在擬議，我們固無從遽下評論，唯若能從實際著手救濟失業國民，則其意旨固為我們所贊成而望其能在最短時期內實現。

中山先生的《民生主義》，其內容所含雖廣，然其主腦兒就是「吃飯問題」，所以他在《民生主義》第三講裡很直率地說道：「吃飯問題就是頂重要的民生問題。如果吃飯問題不能夠解決，民生主義便沒有方法解決，所以民生主義的第一個問題便是吃飯問題。」他又說：「現在我們講民生主義，就是要四萬萬人都有飯吃，並且要有很便宜的飯吃，要全國的個個人都有便宜飯吃，那才算是解決了民生問題。」中山先生這些話說得再明確透澈沒有的了。現在老百姓的飯是否便宜，尚說不到，根本上有許多老百姓就沒有飯吃，或這一頓吃了一些薄粥，下一頓不知在那裡！所以我們要注意民生主義不但是吃飯問題，是使人民有飯吃的問題，這樣說來，僅有少數人或一階級有飯吃，甚至由少數人搶多數人的飯吃，這都與民生主義根本相反。

我們根據這層意思，一方面固希望由國家經營的五大廠之能早實現，一方面卻希望此五廠的用人完全要用公正的考試方法，使國民中有相當能力可以自效的人都有與考的機會，否則五大廠之創設等於五衙門之成立，仍是引親酬友，徒造成少數人彈冠相慶的局面，或更多產生幾個兼職官吏，和人家搶飯吃，那是官生主義，不是民生主義。

英雄末路猶戀虛榮

最近由荷蘭傳出消息，謂住在該國道恩市的德廢皇威廉二世近頃面容較前和易，而頂上銀髮飄蕭，亦不似以前之英氣逼人，出外恆衣平民裝束，乍視之，與老農無異，唯在宅中，仍常穿制服，懸勳章，與在宮中時相同。該村鄉人曾受其恩惠者，對彼非常敬仰，彼仍喜戴高帽子，有以陛下稱彼者，輒報以和悅之色，鄉人以此種稱呼，惠而不費，故亦樂於逢迎云。最近他在宅中舉行七十二歲誕辰慶祝，仍穿著皇帝制服，且語人曰：「我仍是皇帝！」

皇帝在今之世是否足貴，廢皇是否「仍是皇帝」，在威廉似乎都不成問題，只要有人稱他一聲「陛下」，只要他自己說出一句「我仍是皇帝」，在他便覺大可聊以自慰了。英雄末路，猶戀虛榮，原不值識者之一哂。雖然，威廉固不足道，但試分析此種心理，則知常人能免此種心理之束縛者恐亦不可多得。

皇帝之在今世是否足貴，姑不置論，威廉若尚在德國做他的皇帝而自居於皇帝，聞者當然不以為奇，唯其已被放逐而做廢皇，仍自居於我是皇帝，則更可鄙。此種虛榮心的背後所伏著的顯然含有自大的心理。有真足自大而不自大，甚乃進一步感覺天地之長而吾所歷者短，事業之廣而吾所成者小，根本不覺得有何可大，有此自覺，非有修養工夫者不辦；真足自大而才自大，在常人有此，已不必有所深責；所最可鄙者為實際無足以自大而仍龐然大其所大，在旁觀者清，但覺其所有者「虛」而已矣，「榮」於何有？嘗聞有人勸人不可有領袖欲，愚意以為果有做領袖的真正才能與德性，讓他做做亦無妨，所患者真正的才能德性不置意，但欲奪取領袖「虛榮」，則虛偽欺詐，嫉妒傾軋，社會遂永遠只有搗亂的現象。

胡氏辭職聲中之另一觀察

自胡漢民氏稱病辭職之消息傳播以後，社會對此事之注意與對於事實真相之猜度紛紜，可謂近今所僅見。據蔣主席在國府紀念週所報告，頗咎胡氏輕易發言，憑個人見解發為國民會議不當議及約法之言論。又據蔣氏告立法院全體委員之語，謂特約各院部長聚餐，討論此項問題，意見仍未能趨一致，胡即表示辭職，中央各委以胡此種負責表示，實具近代政治家風範，且深體胡於國民會議期，深感主張不行之苦，因決議准胡辭職。據張繼氏談，胡氏辭職是維持個人在政治上的人格，中央准胡辭職是應人民及輿論之要求完成約法，在中央可表現革命政治的精神，在胡可表現個人政治立場的堅定。截至記者執筆時，我們所得聞者僅此。關於政見方面之異同，非此文所欲置論，唯默察社會人士多數心理對於胡氏去職，於驚訝之中頗致惋惜者，則以胡氏無論政見如何，其在職時之言行，在一般國民心目中似覺尚為較有風骨而與普通所見之儘管滿口大言炎炎而實際卻一團烏糟者不同。例如胡氏曾公開批評官吏在租界營置產業，而他自己則在租界無絲毫產業之購置。又曾公開批評首都官吏以上海租界為唯一娛樂地，荒時廢公，在所不顧，而他自己卻於任職新都之後從未踏到上海租界一步。不在租界置產業，不踏入租界一步，固非對國家即能有何大貢獻，但較之有一班闊官僚在全國上下切盼收回租界的呼籲聲中，卻在租界裡大置其大洋房，或者大購其產業，並時常流連忘返的玩玩，給外人在外報上多得些取笑我國的材料，自屬顯然不同的事實。

聞當蔣主席宴立法院全體委員報告胡氏辭職經過後，由委員王用賓代表答詞，謂同人對胡院長素極敬戴，平日見胡勤慎所職，每日僅眠三小時，尤極感奮，王答詞時，立法院委員中有泣下失聲者，其平日認真職守之感人，亦有足多者。立法院屢成重要法典，成績頗得社會好評，或亦由此。此亦顯然的事實，較之但見徒耗國帑而未見有何實際成績與人以共見者，在國民眼中看去當然也有些不同。

赤膊甘地與西裝甘地

本月五日消息，印督歐溫與甘地談話數日，於三日談判告畢，居然成立協定，並經全印大會承認。甘地奮鬥數十年，旨在印度自主，今此協定內容之已聞於外者僅二點，即海岸居民准許製鹽及全印大會會員沒收產業之發還，而電報喧傳。竟謂「皆大滿意」，不甚可解。倫敦《郵報》及《每日郵報》等均譏此為歐溫被屈服，則印度在權利上之有所得，當已無疑，其所得之範圍及程度如何，將來或有詳文露布，非此時所能具論，唯有一點頗饒有趣味者，此次協定之結果，即英國前保守黨政府大臣邱吉爾所大不滿意的赤膊甘地昂然跨總督之門而得者（詳見本刊上期《每週大事記》），而尤有可述者，即此赤膊的甘地，在距今約三十年前，在南非洲遭受英人之侮辱時卻是一身整潔西裝的甘地！當時甘地新自英國留學習法律畢業，應南非洲印人之聘，赴該處辦一件案子，聞英人所辦的鐵路，頭二等火車不許有色人種乘坐，甘地不服，偏購頭等車票，穿著一身整潔的西裝坐進去，與素以士君子標榜於世的上等英人較，除人種差異外，固無遜色，不料車到一站時被車上一個白種職員看見，即揮令趨入貨車，甘地示以頭等車票，不睬，甘地亦置之不睬，竟由此白種職員招入警察，不管三七二十一，用強力把他毆推出車，甘地情願在車站上冷得打顫了一夜，始終不願到貨車裡去。他當時覺得個人還不成問題，唯念到印度同胞均受此辱，為之刺心，無怪其後犧牲自身以從事革命之志之堅決。今昔相去三十年耳，鐵路上一英國職員所任意侮辱之西裝甘地，如今索性赤膊，而印督之門卻唯恐其不肯跨過！此中出入，耐人尋味。

先鋒如何？

前見報載蘇省有幾位有志青年發起西北墾殖團，擬籌備十萬基金，招集同志千人（後聞擴充為百萬基金，同志萬人），以新疆之迪化與阿克蘇為目的地，記者對該團內容雖無所知，對發起諸君亦素昧生平，唯以此種宏圖甚合我國解決失業及救濟民生的一種急切需要，故聞訊喜悅，曾於本刊本卷第十期中作〈壯哉移民西北的先鋒隊〉一文，奮然願作桴鼓之相應，切盼此事之能實現。該文發表以來，遠近讀者來函表示熱烈之同情並詢問該團內容及地址者紛至沓來，其滿腔熱誠與勇往直前之氣概，實足令人受極深之感動，常聞老氣橫秋者每咎青年之不肯吃苦，不知大多數有志青年並非不肯吃苦，實以無機會吃苦為憾，君等不替他們想一可能的出路，徒發不負責任的空議論以相責難，有何用處？

本刊因函詢此事者之多，來不及寫回信，僅能將該團在報上所宣布的通訊處（據說在本埠閘北西寶興路協興里三十七號）附入印刷好的回信，整百的發出，乃有人報告去信該處者總沒有答覆，有人親到該處探問，則見雙扉緊閉，塵垢堆積，好像許久沒有人住的樣子，大捶其門，亦無人應，只落得失望掃興而回。此事在「先鋒」諸君究竟有無決心與準備，誠非局外人所能懸揣，唯愚意結團墾殖邊境實為解決失業與救濟民生的一種切要辦法，苟有嚴密的組織，相當的準備，一團共甘苦相衛護的同志，亦即一隊共患難同生死的精兵，為國為己，都是空前的大事業。上述之西北墾殖團能否負得起這個責任，我們無從懸斷，唯結團殖邊的宗旨所在，實值得政府與社會上有力人士的特別注意與考慮，只須有切實的辦法與保障，則攘臂一呼，萬人立集，並非不可能的事情。

真假電影

據路透二十三日巴黎電，謂「卓別靈今日在外部受外長白里安之招待，英大使等要人亦來與會，法國將贈以榮譽軍十字徽章，法人對此喜劇家，欽崇達於極點」云云。記者之認識卓別靈，僅在銀幕上他所演的滑稽劇裡領教過，雖未覺得他是我所如何「欽崇」的人物，但人生苦事常十八九，他能獨出心裁，使世界各處男女老幼，看他的滑稽劇而不禁為之破涕為笑，對於人群未嘗無功。他最近遊歐，因受各地民眾之狂熱歡迎，尤在銀幕外演出種種滑稽劇，給吾人以笑料。他於三月九日抵柏林，下車時即受群眾熱烈包圍，由健壯警士開路，始於極困難中由車站抵旅館，抵旅館後即將房門上鎖，以避騷擾，後竟不得已變裝逃出柏林。三月十九日抵羅馬，在車站之歡迎群眾擁抱不放，寸步難行，結果他不得不由人叢中逃走，群眾後追，頗似警察之逐強盜！試閉目以思此時卓別靈之窘形急狀，令人發噱，殊不減於銀幕上穿著奇大皮鞋一身奇特破衣之卓別靈，這兩方面的狀態，大可謂之真假電影。

卓別靈在車站上的窘形急狀和他在銀幕上的窘形急狀，在滑稽的形式誠無多大差異，但在心境上則絕對不同。他在銀幕上所演的窘形急狀，誠然演得淋漓盡致，活龍活現，但他明知這是一齣戲劇，心裡必不著慌。在車站上由人叢中逃走時，心裡必已著慌，絕不能如在演劇時之行若無事，人生一幕一幕的經過，悲歡離合，成敗得失，亦宛若電影，所異者，非盡喜劇而已。但在有學養的人，環境儘管倏忽萬變，心境上卻也可以不至著慌。

日新月異的奇妙世界

上海最近演過一張很有趣而能激人思想的影片，原名「*Just Imagine*」，譯名《五十年後之新世界》，一切車輛都沒有，只見滿天飛的擁擠著的飛機。警察只得在半空坐在一輛飛機中指揮，在室中一個小機件裡可見門口打門者的全像，在牆上好像一個鏡框中可見異處親友的聲音笑貌及舉動，可以彼此對談。諸如此類的日常生活之科學化與理想化，在現今的科學上都有了根據，不過在應用上尚未完全與普遍罷了。上月底美國又有兩種新發明的宣布，一是電氣羅盤針之試驗成功，一是海上飛行場之興工。據三月二十五日的紐約電訊，新發明之電氣羅盤針本日試驗成功，該處工程師預料，如將此項羅盤針與能自動之駕駛機器人合用，則將來之郵船飛機可以不須憑藉人力。又同月二十六日紐約電訊，本日發明海上飛行場之工程師阿孟司特郎氏試驗其發明品模型，此種飛行場築成後，橫洋飛行將愈便利，此項飛行場將於下月興工，據阿氏稱，彼擬將第一所海上飛行場設在距美洲大陸二百五十英里之海洋中，場上可設旅館，修理飛機之工廠，汽油池，並供給飛機上需要之食品，阿氏主張於大西洋中設置此項飛行場一串，以供搭客飛機之停降，所設旅館則可供旅客夜間休憩之需要云。

世界上最有益於人類者殆莫過於科學發明家；而科學發明家之最足令人感動與興起者，

則在他們的創造及勇進的精神——不知世間有所謂不可能。科學上所已發明而能供應世用的事績，多為前人所認為不可能者，科學家並不為「不可能」所摧沮，天天在那裡幹著似乎不可能的事情，常常在那裡發表本不可能忽而一變而為可能的事情！

駐華日軍又逞暴行

三月二十九日駐沈日軍中有八十人在沈西十里碼頭野操，適華警追捕胡匪，日兵藉口妨礙他們演習，將我國警察包圍，任意毆辱，並趕至分所包圍，強擄槍彈而去，其行為之野蠻橫暴，勝過胡匪萬倍！聽說當時我國警察官吏被壓迫，非常鎮靜，所謂「非常鎮靜」者，一任毆辱掠奪而已！日本守備隊少尉佐田中助聲言，晚間率隊演習野外，中國警察妨礙他們演習，所以毆打警察，包圍分所。當時我國公安總局熊督察長則抗辯日本守備隊晚間演習野外，事前並未通知公安局，事後又毆打擊匪之警察，致匪徒逃逸，已屬非理，且匪徒向東北逃跑，警察向東北射擊，而日本守備隊則在西南演習，子彈絕無向對方倒打之理，謬謂妨礙野外演習，毫無理由云云。乃日本官兵不講理，終將槍彈強奪而去。

後經多方交涉，始將所搶槍彈勉強交還，對受傷華警則不負責。在他國領土裡面作強盜之行為，依文明國的法律，大概盡可無須負責！尤妙的是東京三月三十日路透電，謂「由華方道歉，日方將扣留軍械發還」。中國人不是人！在自己領土內容許別國暴軍隨意野操，這是第一件應該誠惶誠恐「道歉」的事；本國警察在本國領土內「非常鎮靜」地聽任別國暴軍隨意毆辱掠奪，這是第二件應該誠惶誠恐「道歉」的事……然而在我們萬分應該對強盜行為「道歉」之中，最近瀋陽來訊，卻說「日兵暴行案，日方已允由肇事責任長官向我國公安局道歉，唯民情激昂，仍力請當局力爭，必達完全勝利目的」，這好像一個人的家裡容納了幾個強盜，今天打你幾個耳光，事後對你道個歉；明天踢你半死，事後再對你道個歉；後天隨便送你一條命（像我國的同胞倪照美最近便在漢被日海軍實習打靶好生生的打死），事後再對你道個歉……我敬揮淚大聲疾呼忠告尚未死盡的全國同胞：「非等到我們有力量把強盜驅逐出門，絕無『達到完全勝利目的』的日子！」

所望於西陲學術考察團者

欲明考察之重要，請先略述虎視眈眈處心積慮以窺伺我國者所下之考察工夫，友人仰弇君近作東北之遊，參觀日人在大連所辦之「滿蒙資源館」，見其蒐集宏富，研究精詳，幾將滿蒙富源之所在，一覽無餘，聞完全由調查與研究兩大工作而來，滿鐵會社每年用於調查之經費即達四十萬金圓之巨。又重慶近訊，在西康省南部寧靜縣寧靜山附近，由英某技師發見煤油礦，綿亙三十英里，其埋藏量對於今後世界各國之需要，足供給三百年，該技師已攜詳細報告回國，擬俟與本國資本家接洽後，謀獲得該礦採掘獨占權云。又據三月六日倫敦《泰晤士報》所載，英人組探險隊已自倫敦出發，有自印度入新疆勘測該省富源之企圖，探險工作包括之面積為四十萬英里，空中偵察航程約五萬英方里。總之謾藏誨盜，我們坐擁富源而不自開闢，甚乃不自知道，一任他人之巧取豪奪而已！

最近國府始有西陲學術考察團之組織，特派蔡元培氏為理事長，所任理事如翁文灝、竺可楨、秉志等均國內有數之專家；臨時費八萬圓，經常費每年十五萬圓；考察科目分五項，即地理、地質、生物、人種、考古。我們既痛於他國考察之包藏禍心，對此空谷足音之本國考察團不禁懷無限之希望，竊願貢其一得之愚，以為與其注重考古，何如注重考今？死人骨頭之類的東西固有學術上研究的價值，但我們希望考察諸專家注意有益於當前民生的富源所在，替國人多辟幾條生路，喚起國人對於開發西陲與增進交通之注意，其有裨於國計民生，必不讓於地理上增加幾個新名詞，或死人枯骨中多幾種分類。我們並希望國內所謂最高學府的教授們亦注意領導學生注重國內實況之調查研究，勿專談美國怎樣，英國怎樣，法國又怎樣！

交通部孝敬英國嗎？

北平財部印刷局為我國國營的重要印刷事業，培養雕刻鋼版人材，養成精美印刷藝術，經二十年來之慘淡經營，規模宏大，機械完備，實為我國唯一的最大印刷機關，其資產依現在市價已達一千二三百萬圓，賴以維持生活者鋼版雕刻專家百餘人，工人二千餘人，並家族及附業計之，恃此為生的中國人實逾二三萬人。該局於民三根據合約取得全國郵票印刷權，十七年來未嘗間斷，而該局亦實恃此大宗收入以綿延其生命。每慨我國新的事業，幾於事事仰賴外人，今以有關全國國民日常應用的郵票，有我國自己國營的印刷機關承印，即就此一點論，未嘗不是中國人聊可自慰的一種榮譽，凡非帝國主義者的走狗而確為中國人者，應如何竭力維護？乃交通部竟縱任前郵務司長兼郵務總辦林實，無端於去年三月以巨價改向英商德納羅公司訂印，至本月初方將此事通知財部印刷局，新合約所載印價總數共達華幣一千九百五十餘萬圓之巨，不顧本國人生死，俯首帖耳拱手奉送洋大人哂納！此種倒行逆施的行為，除喪心病狂外，尋不出別的話說。

既忝具圓顱方趾而自號曰人，應有人性，人性中應有理性，我們試平心靜氣研究此事之理由何在。說對本國的國營事業應該任意摧殘，沒有理由；說應摧殘本國國營事業而孝敬英國，更沒有理由。說對本國人的生計要置之死地而後快，沒有理由；說要陷害本國人而幫英國解決一些失業問題，更沒有理由。說本國人技術拙劣，但印了十七年的郵票，未出毛病，以此推託，沒有理由；說國貨貴而英貨便宜，但新合約所定印價較前突增數倍，更沒有理由。然而主持其事者何以願做碧眼兒的孝子順孫，其中必有理由！倘若這是林實一人的狂妄，交通當局應力謀補救，否則顯然狼狽為奸，其中必有理由！

辭官救災的朱慶瀾氏

記者個人對朱慶瀾氏雖素昧生平，其平日有何政績亦不甚詳悉，但就朱氏辭官救災，不憚長途僕僕，不辭勞瘁為災民呼籲請命一事而論，實值得我們的佩仰，願敬致我們的誠懇敬意。

有客自西安歸來者，據雲陝西困於災難，已達極點，蕩析流離，餓莩載道，全省幾占三分之二以上，省廳科長每月僅得三十元之俸給，因糧食昂貴，所入尚不足以一飽，不得已每日至施粥廠就食，此猶屬官吏的生活，至於人民生活，則更不忍言。某姓家有女五人，只可一人外出，其餘四人，則共床褥，因五人合穿一褲也！食則牲畜草根，蕩然無存，死者葬身無所，埋於坑中者不知幾萬人，將來天暑炎熱，發生疫癘實意中事，種種慘狀，誠有不忍言不堪言者。又據三原賑務分會最近報告，有「暴骨遍地，積屍未埋，青黃不接，待賑萬急，既無可再賣之妻子，亦無可復毀之墳墓，鵠立待斃，情殊可憫，懇速撥急賑」等語。我們中國在此光天化日之下而容此人間地獄之存在，實為奇恥大辱。中央前曾允發陝災公債八百萬元，且由四中全會正式通過，迄未履行，經朱氏等南下奔走呼號，蔣主席允撥五十萬，財部僅先撥二十萬。十六日訊，朱氏以垂斃災民驤首以待甘霖者不下數百萬人，又擬即日南下，籌款帶陝救濟。國人對朱氏之辛勞，固應慰藉，對朱氏之義舉，尤當襄助。

記者於此，更願鄭重提起朱氏力辭監察院監察委員之任命，自願委身於賑濟事業，為數百萬災黎而甘自犧牲的精神，實不可多得。人生匆匆數十年，寢時一榻，死後一棺，昔人所謂「如朝露耳」。其價值則在受其益者若干人，受其益者的人數愈多，則其價值亦隨之而俱增，各就各人地位與能力而盡量謀其所以助人救人之方策，即所以各增其為人的價值。如朱氏之辛勞，誠辛勞矣，而其精神上所得到的安慰，必有超越尋常者。

失業狂潮中的怪現象

世界各國的失業狂潮至今未已，美國失業者最近已逾六百萬人，德國四百餘萬，英國二百餘萬，日本四十餘萬，據國際勞工局最近估計，世界失業者約達二千萬人。這裡面當然未包括中國，因為即據一九二六年英人李夫氏的調查，我國已有一萬六千八百多萬的失業同胞。

在此世界失業狂潮中，怪現象屢見迭出。在美國各地，失業者時有「飢餓遊行」之舉，結隊入飯店大嚼，食畢大呼「到市長那裡取款」而去！最近美國洛斯安吉爾市為救濟失業者起見，決定市內興辦之一切土木工程各事，一概廢除機器，以便多用工人及工程師技師等，現已有數處挖浚溝渠，悉用人工辦理，故一般失業者紛紛前往，以完全機器化之美國，竟演此「一概廢除機器」之怪劇！

日本最近發生大學畢業生欲充垃圾夫而不可得之悲劇。據日本東京市衛生局所調查，市內以拾取垃圾桶內廢物為業之「垃圾夫」數，共計有五百三十人，內有大學畢業生九人，中學畢業生二十七人，小學畢業生二百〇九人。此輩各攜筐籃，每日搜尋垃圾桶，衛生局認為有礙衛生，嚴令禁止，「垃圾夫」遂陷於失業狀態，請當局許其復業，擬組織「垃圾夫請願團」云！

我國大學畢業生之為「垃圾夫」者雖尚未有所聞，但戴過方帽子欲求一啖飯地而不可得者已數見不鮮，失業苦況，隨處可見。不過他國之失業在國內生產過剩，一籌莫展，我國則病在生產落後，坐耗他國所產，苟肯自努力，教育家努力造吃飯的本領——有本領吃飯的青年——政治家努力造有飯大家吃的治安環境，實業家努力造大家有飯吃的機會，非無解決之可能。若辦教育者但知敷衍，主持政治者但知貪婪，辦實業者但知自肥，則造孽愈深，遭劫將愈甚。

蚊蟲蒼蠅後的老虎

監察院院長於右任氏於四月二十日國府紀念週報告該院兩個月工作之經過，說起「監察院彈劾違法失職的官吏，官職大小，意義是一樣的，譬如一個蚊蟲，一個蒼蠅，一個老虎，只要牠有害於人，監察院都給牠一個平等待遇，並不是專打掉小的，而忘記了大的，也不是專管大的而不管小的」。監察院自成立以來，接到各方控告貪官汙吏之案，聞達四百餘起，經該院詳加審核，則有確鑿證據者僅三十餘起，最先正式宣布彈劾者只四川綦江縣長吳國義，江蘇灌雲縣長胡劍鋒，此殆於氏所謂「蚊蟲」、「蒼蠅」之流亞。較近又有立法院祕書余仲白包庇其兄代長稅所，苛徵濫罰，藉稅差為橫斂之所，該院亦已提出彈章，又是他老先生拍著的一隻蒼蠅。最近又有京市土地局長常鴻鈞在旅舍冶遊聚賭，並欺凌湘女子鄧成立，始亂終棄，有玷官箴，該院亦已彈劾，並已由國府停職查辦，這又是他老先生打著的一隻較大的蚊蟲。現在該院彈劾皖省政府主席陳調元，說他裁厘之後，抗命苛徵，禁煙之期，公行買賣，大概他於「蒼蠅」、「蚊子」之後，決心打一隻「老虎」。陳氏已有電致京自辯，雖說「惶悚萬分」，但卻說是「虛構事實，淆惑聽聞」，要求「派員莅查，便明真相」，「莅查」結果能否避免官官相護，此時尚難預言，但監察院能夠毫不瞻徇，嚴劾溺職官吏，使一般「蒼蠅」、「蚊蟲」

乃至「老虎」感覺「惶悚萬分」，未始非督促吏治「蒼蠅」、「蚊蟲」、「老虎」各國未嘗沒有，不過他們的人民程度比較的高，制裁力比較的厲害，犯了法只有鐵窗風味可嘗，我國官吏則犯法儘管犯法，仍有租界裡的洋房可住，嬌美的姨太太可擁，我們但望以後有些不同。

料理後事

最近有幾位朋友新從日本考察歸來，據談日本簡直已替中國料理後事，聞之令人毛骨悚然，我們中國倘若不願「疾終正寢」，全國上下應有一致的覺悟。日本早已不把中國放在眼裡，他們最近積極作戰爭的準備，其目標有兩國，一是俄國，一是美國，我們有富藏廣地的滿蒙，自己不知利用，眼巴巴地望著日俄侵略，日對滿蒙的侵略，不怕中國，因為它認定中國只有武人政客爭逐私利，絕無抗日的能力，它所忌的是俄國，所以認為如欲徹底解決滿蒙問題，必不免要和俄國決一死戰，同時深恐俄國五年經濟計畫完成之後，能力愈豐，更難對付，所以希望在此五年內速戰速決，並且預料和俄國開戰時，中國必不敢不嚴守中立。日與美國因太平洋爭霸關係，也不得不一決勝負，所以打算敗俄之後即繼續打美，日在歐戰後費五千餘萬圓購得德國潛水艇計畫，每年可製七百艘，為戰時封鎖太平洋之利器，乘美國潛水艇不充足時速戰。戰時不但要有錢，尤要者為物料來源，日本蕞爾小國，絕難支持，但他們預料只要用兩師團與四巡艦即可封鎖中國各海口及長江流域，物料可任意取用。在民國十七年，他們只想中國一旦有事他們如何進兵濟南，現在更進一步，竟想中國一旦有事他們如何進兵到江蘇的北部，故在江蘇北部以上的軍用地圖，以及何處駐軍，何處屯糧，都已安排妥貼，僅候時期一到下刀就是了！聽說日本各軍官的桌上沒有一處沒有一本極精密的中國地圖。

一個人的身體如果健康，儘管有人在暗中替他料理後事，並不足慮；所慮者是已經元氣斫傷無餘，奄奄一息，尚不肯安心靜養，四肢五官臟腑仍互相廝殺，非弄到同歸於盡不止！那才是恰合已為料理後事者的希望！故記者以為我國全國上下應有徹底的覺悟，應具有世界的眼光，勿彼此閉著眼睛終日鑽在牛角尖裡，專作雞蟲之爭，何殊自尋短見？一旦大禍臨頭，噬臍無及，願在未做亡國奴之前，為全國上下涕泣道之。

蔣作賓口中的蘇俄現狀

駐德公使蔣作賓氏最近由德回國報告外交，路經莫斯科，在俄考察一月，據謂一切設施令人驚嘆者，即蘇俄全國同心戮力，節衣縮食，共向建設道上努力，總括其狀況，可評以八字，即「節衣縮食，興國創業」，全國上下，一致遵循，實際幹去，發展實足驚人，即以高加索一區論，盛產水果，如橘子一隻，在其國內售洋三元五角，但運至國外則不過賣洋一角五分，國人寧捨不得吃，捨不得穿，運往國外，換取現金，求其政策實現。蔣氏又謂外間一般人傳說，均謂蘇俄民眾困苦顛連，實則多係故甚其詞，殊不知彼係崇尚節儉，但求溫飽，不事奢侈，故共產主義應加反對，而其建國精神則誠堪令人欽佩而資傚法云云。

記者以為蔣氏親身觀察所得，誠足為國人有價值的參考，而我們尤其要注意的是蘇俄對於生產之積極提高，藉此增加國家的實力，此點實為善於消費而拙於生產的中國當頭棒喝。中國目前所最急需的有三件東西，一是統一，二是生產，三是國防。統一為生產與國防之先決問題，現在統一尚未達到真正的境域，仍恃全國國民之努力促成，此外便須注全力於生產。聽說德國實業團去年來華考察歸國後，認為最可驚奇而表示惋惜者，即中國號稱以農立國，而農產如麥米之類尚須仰賴國外之輸入。他們覺得「最可驚奇而表示惋惜」，我們卻好像行所無事而願永此終古似的！辦教育的人只造出無數不能生產只知坐食的書呆子；原來絕無僅有的一點農工事業，亦因兵匪遍地，時局機陧而幾瀕破產。此後我國能否於重圍中打出一條生路來，全靠各方有無沉痛的懺悔與翻然改轍的決心。我國外患之逼迫，實以日俄的侵略為最嚴重，俄之掙扎圖存已如上述，日則因救濟失業，合去年與今年度之新事業費，依日內務省社會局之統計，已超一億元，其掙扎狀況亦可想見。夾在中間的我國打算如何？

中國看報人民的數量

最近國民會議遼寧代表趙雨時君等一百餘人向該會提出獎進新聞事業案，謂「新聞事業與國家文化，社會教育，宣傳黨義，修明政治，具有密切之關係。環顧歐美各國，報紙發達，幾於無人不閱……即在日本，每日全國銷數約一千一百萬，以其人口七千萬計之，六人中必有一人閱報者。至我國全國報館不過二百家，綜合日銷不及七十萬份，視英倫《每日郵報》之一家日銷二百萬份者，不及其半，再以人口四萬萬約計之，五百餘人始得一閱報者……」此種統計當然是粗枝大葉的約數，但即將此約數說，若謂日本的「民力」算作六分之一，中國的「民力」就只有五百分之一我們有人口四萬萬，日本只有七千萬，就表面上看，我們人數比它多近六倍。但是七千萬中的六分之一有一千一百六十六萬，四萬萬中的五百分之一隻有八十萬，反而比我們多了十四倍！我們原為多六倍，這樣一來，反而少了十四倍，我們以後對於「質」的方面應如何努力精進，實在是一個宜加以十分注意的重要問題。

中山先生在《民權主義》第一講裡曾經說起：「政治兩字的意思，淺而言之，政就是眾人的事，治就是管理。管理眾人的事便是政治。有管理眾人之事的力量便是政權。今以人民管理政事，便叫做民權。」政既是「眾人之事」，和「眾人之事」有密切關係的「眾人」對於「眾人之事」應具有濃摯的興趣與顧問的熱誠；報紙是「眾人之事」的報告與批評，所以看報人民的數量和這種興趣與熱誠成正比例。我國看報人民數量如此之少，便足表示「眾人」對於「眾人之事」注意者不「眾」，「眾人之事」弄得這樣不好，這便是一個很大的關鍵。

號稱有四萬萬人口的中國，全國受高等教育者僅有一萬九千餘人，受中等教育者僅有二十三萬餘人，受小學教育者僅有七百餘萬人，文盲仍占百分之八十，以如此的「眾人」，安望他們能知注意「眾人之事」？故積極推廣教育，實為鞏固國基的唯一途徑。只要「眾人」能共同注意「眾人之事」，什麼貪官汙吏，什麼土豪劣紳，什麼軍閥政客，都不得不銷聲匿跡，抱頭鼠竄。

甘地拒絕建立銅像

赤足袒胸的印度革命領袖甘地氏自以不合作主義，赤手空拳，血肉相搏，使以兵力自雄的大英帝國不得不俯首就範後，名震寰宇，實為人類歷史上的奇績，最近印度國民於崇敬之餘，決於印度重要都市，為甘地建立銅像，俾作永久紀念，事為甘地所聞，乃力加拒絕，氏所表示之反對理由，謂「現在道途間的飢民，觸目皆是，印度果有替我建立銅像的金錢，何不將此錢用來救濟飢民？」偉哉甘地！真正為民眾福利而革命的志士仁人，其人格不當如此嗎？

巍峨銅像，本是一件可以出風頭的事情，在常人看起來，大概只含有光榮而沒有侮辱的可能；只有可以愉快而沒有慚疚的必要。因為這個緣故，往往實際只配步武杭州西湖岳廟裡跪著丟臉的銅像資格的人，也很想替自己弄個銅像！在甘地卻以國內飢民未救而視銅像為侮辱而非光榮，為慚疚而非愉快，這種純潔的精神，光明的態度，仁慈的心胸，實非任何巍峨銅像所能表現其萬一。

甘地曾公開宣言，謂以印度之民窮財盡，凡在印度為國服務的官吏皆須粗食布衣，為民節儉耐苦，他不但對人如此主張，他自己便是粗食布衣為民節儉耐苦的表率，這也就是他拒絕建立銅像的同一精神。甘地今年將赴倫敦參與第二次圓桌會議，聽說他準備見英皇及英首相時，還是要保留他那副赤足袒胸的老樣子，此事目前在倫敦已引起外交界及新聞界之紛紛議論。英國前保守黨政府大臣邱吉爾曾大不滿意於赤膊的甘地昂然跨印度總督之門，他現在將赤膊昂然跨白銀漢宮之門，為印度全民族爭獨立，這種精神實為任何銅像所表現不出！

主席老師與洋奴教育

國民會議於五月十日討論到「確定教育設施趨向案」時，蔣主席的幼年教師莊崧甫氏初次登臺痛詆現代教育（莊為浙江代表），莊年逾花甲，皓首蒼髯，發言聲如洪鐘，略謂「中國愈貧愈亂，愈亂愈貧。人民無生產能力，安得不貧？人民不發揚固有道德，安得不亂？教育潮流與時變遷，但見學生只知讀外國書，到畢業後，本國文字完全不通，簡直是洋奴教育！什麼裸體寫生！許多男學生對一個青年女郎，白晝描畫，成何體統！此種學風不整，簡直貽誤青年子弟」云云，眾大鼓掌。次由主席張學良氏謂莊老先生道高望重，是蔣主席的良師，其所述各點，望各代表注意，眾又大鼓掌。但因此兩「大鼓掌」，卻害了他老先生！因他從此倚老賣老，每遇討論，無論有無灼見，必請發言，十五日討論救濟西北災民時，他老先生登臺發言，滔滔不竭，逾五分鐘限制，主席頻按鈴制止發言，臺下亦鼓掌迫其下臺，他老先生老氣橫秋，屹立臺上，大呼「我偏要說話，話未說完，絕不下去！」全場哄然。

一個人的思想行為，除極少數的例外，與年齡大有關係，以莊老先生之「年逾花甲」，有這樣的議論和舉動，似不足怪，亦無多大研究的價值，不過以「聚舉國之彥英」的各代表對他的宏論居然一再「大鼓掌」，深恐聞者不察，淆亂是非，記者不免要說幾句。關於「裸體寫生」是屬於「藝術」上的專門問題，記者完全門外漢，未敢自作聰明；至於本國文字之當「通」，自是不成問題；不過說到「讀外國書」便是「洋奴教育」，愚見以為要看你怎樣用法，未可一概抹煞。假使生於孤陋寡聞的翠亨村的中山先生不知「讀外國書」，他的學識恐怕不能那樣淵博驚人。日本的商業學校以雄戰中國商場為對象，有以華文為必修外國語者，請中國人教授，每週至六小時之多，其目的絕不在養成華奴。學了洋話去做洋奴是一件事；在學術落伍的中國，視「讀外國書」為增進專門學術的工具又是一件事，不宜混為一談。

考試聲中的希望

江蘇省的高等檢定考試已於五月十七日起在教育廳舉行，共考二日，第一日應試人到者共一百五十二人，第二日到者九十九人，十九日揭曉，全部及格者只三人，余就檢定科目中得六十分以上者發給各科及格證書。我們覺得考試院所定的檢定考試辦法，俾無入校機會而有同等學力者亦得參與檢定考試，經檢定認為及格後即可參與正式考試；及全部不能及格者，亦就檢定科目中之及格者發給各該科及格證書，將來再考時各該科即可免試：凡此種種皆很合理而為我們所敬佩者。聞正式的高等考試已由考試院核定辦法，定七月十五日在南京舉行。各省市之檢定考試在七月前當必紛紛舉行。我們一方面希望主持者之忠慎執行，一方面希望投考者之踴躍嘗試，不過在此甚囂塵上的考試聲中，有一種更重要的希望，便是考試的結果勿令人失望而能保持以後有志投考者對於此種考試的信仰心。

記者雖不認考試為萬全的辦法，但卻認為比較公平的制度，唯自「考試」、「考試」之聲洋洋盈耳之後，屢聞有人懷疑，說現在用人以親友私人為前提，考不考與有事沒有事做沒有關係，考了還是白考的。此種懸揣之詞，須俟將來事實為佐證，原無確據可言，不過這種潛伏的心理，實足為愛護考試制度者之暮鼓晨鐘，未可等閒視之。記者有畏友某君現任某著名大學校長，據談他的學校畢業生裡有四人曾應浙江的縣長考試錄取了，都是成績優異名列前茅的，但是有一個一直在民政廳裡作無限期的實習，還有幾個做了幾個月的縣長，無故去職，於是兩個自尋生路，一個失業已有一年多了。他們都對老師苦訴考試是白考的。這雖是局部的事實，但未嘗不可供參考。愚妄之見以為欲保持國人對於考試的信仰心，考後須有任用辦法，用後須有保障辦法。用人制度不改，考試制度無用。

人民不許

我國駐德公使蔣作賓氏回國以後，對於國外情形多所發表，以供國人參考，近在外部紀念週中由王外長介紹蔣氏報告國際現狀，言及德國情形，有謂「該國政治家多以國為前提，而不以個人意見為前提，無論如何鬥爭，均在法律範圍之內。」又謂「該國政爭僅在一法定機關內競爭，絕不另樹一幟，借軍隊之力，以遂其私鬥，此緣黨人以國為前提，而人民亦復不許也」。我們生為中國國民的人，正目擊心傷內憂外患之逼迫，而內爭風雲，復甚囂塵上，黑暗蔽天，聞此「以國為前提」的他國黨人，與「亦復不許」、「私鬥」的他國人民，於垂涎三尺之餘，實不禁感慨唏噓，何彼之幸而我之不幸一至於此！

德國的「人民不許」的精神固不自今日始，在一九一八年屢敗於協約國之際，德皇威廉第二因國內革命風起雲湧，欲調一部分軍隊回國撲滅，特召大將興登堡及盧登道夫等商議，興登堡竟直率答道：「陛下欲令兵士抗禦外敵，尚肯拚命，若欲用以殘殺國內同胞，人心解體，必不用命。」威廉第二雖凶悍，孤掌難鳴，竟亦無可如何。此種兵士，比之不知有國，但知有首領，隨人牽著鼻子瞎走的所謂武裝同志，相去則又何如？德國大敗之後，完全陷於各國共管的危境，其險狀實較我國今日所處現狀艱苦萬倍，而全國同心，十年奮鬥，竟令各國肅然起敬而不敢復侮，絕非幸致，亦由於有此「以國為前提」的黨人與「亦復不許」、「私鬥」的人民而已。

我們於此尤可得一大教訓，即外患不足畏，本國人不顧外患而但知自相殘殺，實為極慘痛的自戕手段。我國全國國民的一致心理，無不殷切盼望中山先生彌留時慘呼之「和平奮鬥救中國」能成事實，而不至再見同室操戈萁豆相煎之可恥現象，今以領導國民救國的國民黨而先自不能團結一致，其為可痛，何可勝言！我們歆羨德國的黨人與人民，蒿目時艱，感喟無已，但望國人之知所取法而已。

華北運動成績進步之可喜

我們每憤慨於武人政客禍國之可恨，而輒寄其無限希望於次代的有志青年，以為次代的有志青年所尤當有充分之修養者，莫要於體力智力與團結力，此三力實為民族復興與繁榮的骨髓，而體力尤為智力與團結力的基礎，聚一群病夫而望其智力之得充分發展，與振作精神以勇於團結，殆無異緣木而求魚，為事實上所不可能者。由此觀點以注意最近舉行於濟南的十五屆華北運動會，實足使我們於愁雲慘霧中忽見光天霽日之湧現。

華北運動會於五月二十七日上午八時開幕於濟南，悲壯熱烈，盛極一時，十一省市男女健兒千人奮勇參加，莫不精神活潑，歡欣歌舞，全國新紀錄陸續出現，新紀錄中女子占大半，足見女子體育之進步，各區分數相差不多，足見體育之普遍，均極可喜。參觀者一日達五六萬人，大有萬人空巷的盛況。記者關於個人競技方面的管見，在本期三奇君一文後的按語，已略傾鄙懷，茲不復贅，愚意無論個人比賽或團體比賽，大規模運動會之舉行，其功效之及於實際參加者的個人修養固巨，其印象之及於一般觀眾者尤深。

常人每以為運動僅及體格上健康之增進，而不甚注意於運動實與精神息息相關。試觀參加比賽的運動員，對於所與賽的技術，必先有集中注意的練習，虛懷細密的研究；比賽之際，尤須具有無畏的精神，堅毅的意志，與鎮定的腦筋，凡此種種，都與精神方面的修養有極密切的關係，絕非徒恃死板板的氣力所能奏效。至於團體比賽，凡為團體中之一員者，非彼此戮力同心，分工合作，絕無取勝之可能，則團結力之養成，更為明顯。

關於社會風氣方面，數萬人之踴躍參觀，絕非漠然而來，淡然而去，必能增加他們對於運動的常識，培養他們對於運動的興趣，而為推廣的先聲。不但優勝者本人得精神上的安慰與愉快，師長之於學生，家長之於子弟，皆覺與有榮焉。以實例為提倡，勝於空口說白話者多矣。

榮譽中的自覺

記者在上期本刊有機會討論華北運動成績進步之可喜，在本期又有機會討論我國在最近萬國運動會中榮膺冠軍之可慶，歡忭欣慰，非可言喻，讀者諸君，必亦與有同感。此次萬國運動會於六月六日及七日在滬舉行，有中，美，法，日，英，德，葡，俄，拉德維亞九國二百餘男女選手參加，我中華健兒奮鬥兩日，以一百五十分的總成績，榮膺冠軍，我們一方面固喜於國民體育之日有進步，一方面仍須勿忘我們的紀錄去世界固遠，較遠東亦有遜色，當力求百尺竿頭進一步。本屆成績，最可喜者為光華大學陶英杰君的中欄，以六十秒的成績，造全國未有的紀錄，其他各項成績，中國健兒得第一名者共計七人，亦稱不弱，但英美破中國五紀錄，我們仍不可不再自淬勵。至於女子組，英國湯姆生女士以十七歲的女子，在五項運動中，竟獲五十米與百米兩項第一，其成績均超過我國短跑名將孫桂雲女士之上；美國白那特女士以十六歲的女子，亦獲跳遠與跳高兩項第一，其成績亦均遠勝於我全國紀錄之最高者，此固由於她們訓練有素，而我國女子體育，自近年哈爾濱數女杰做好榜樣，始聞風興起，歷史有久暫，誠無所用其自餒，但我國女子體育之應急起直追，勿令落後，則亦無所用其掩飾。故記者以為我們於慶幸榮譽之中應有深切的自覺。關於此點，《時事新報》記者還有幾句話，我看了愛不忍釋，撮述如下，與全國人共誦之：「我國運動員有一極大弱點，即一旦成名，而自滿自驕，不可一世，結果則去年與前年之名將，多成為今年之老朽；而今年為公眾所推許之一品人才，則往往又非來年出人頭地之巨子。此種急性之新陳代謝，實大可擔憂……總之愈受人之推重，則愈宜自勉自重，謙遜為懷，積漸砥礪，方能成大器，方能爭國光，」

學潮中的負責者

我們認為學潮是學術界最不幸的事情，深望我國的學校能在學術上發揚光大，勿在學潮上盡量擴大。但最近北方在北平則有清華大學發生驅逐校長吳南軒的巨波，在吉林則有全城學生驅逐教廳長王世選的暗潮，我們固為學術界致無限的惋惜，但平心靜氣，察其癥結所在，以為不能專責青年學子，在學校或教育行政當局須負大部分的責任，蓋教育重在學問道德的感化，而最忌顢頇強蠻的壓迫。青年富於情感，情感每易越軌，是誠無可為諱的事實；但情感富者亦每易動以真誠，喚起悅服，故除極少數搗亂成性無理可講的分子外，苟果屬學問道德足以使青年悅服以及措施合理的教育當局，大多數有志青年實歡迎之不暇，絕不易發生群起驅逐的怪劇。

試就清華而論，學生提出所希望的校長資格固屬合理，而必指定非委某某為校長不可，則被指定者恐亦不敢領教，此誠為欠加考慮的行為，但吳南軒以回國未久的學生，學識能力均為國人所未能了解，遽加以國立大學校長重任，在清華師生最初仍持靜觀成效態度，似已不可多得，而吳氏於誠信未孚之前，必欲於短時期內一掃教授治校的原則而引起委任院長的糾紛；繼又不就事實籌謀適當辦法，乃以茶點招待學生，離間教授，並極力宣言擔保畢業級同學的飯碗問題以取媚；最後則逃往帝國主義勢力下的東交民巷設辦公處，以北平之大，何處不可逃，必逃到東交民巷！凡此種種，都可表示吳氏的腦子不清與辦事才幹之缺乏。再就吉林學潮而言，王廳長竟視女校歌舞為歌妓行為，又再三孜孜不倦於「裙不可過短」，宣言「本廳長言出法隨，勿謂言之不預也」！以如此冬烘腦子辦教育，安得不紛紛多事？我們不願學潮之久持與蔓延，故深望當局者應有相當的自省與自覺。

宗族主義和國族主義

本埠聞人杜月笙君在故鄉浦東高橋新建家祠，於本月十日舉行落成典禮，空前盛況，轟動一時，據各報所載消息，國內各要人所送禮物，美不勝收，共有六七萬號之多，禮物賞金達十餘萬圓，筵席五千桌，一切儀仗於九日自滬遊行渡浦，所過電車為之停駛者三小時，所列金碧輝煌的巨匾，其題字者有「蔣中正」、「張學良」，還有「吳佩孚」、「段祺瑞」，其餘什麼院長部長省府主席等不可勝數，並由南北名伶串堂會戲三晝夜，來賓到者每日以萬計，聞僅開銷一項已在六十萬圓以上。在今日的中國，而有如此「猗歟盛哉」的現象（此四字係借用《申報》對此事的讚揚語），誠為中國的特色；益以無數達官貴人趨蹌致敬之熱烈，本埠著名日報再三稱揚之恭順，尤為中國的特色，實足令人想像中國是另有世界！

自此盛舉轟動社會之後，記考得到許多熱心讀者的來函，問我對此事的感想，我對他們的來意實抱很大的樂觀，為什麼呢？因為我們由此可覘一般國人的心理確有進步了。何以見得呢？因為由此可見一般國人現在對於社會的事情，並不像從前那樣「各人自掃門前雪，莫管他人瓦上霜」的麻木態度，卻要用他們的腦子，思考思考，這便是真正公道，真正人心，真正清議，真正輿論之所在。而且一般國人的思考，並非毫無標準的，他們對於一事的讚否，有個很重要的標準，就是要看此事對於社會一般人的福利有多少關係。

話又說回來了，蔣氏對杜祠的題詞是「孝思不匱」，杜君在報上所登「鳴謝」啟事，亦有「為先德之褒揚」語，即就志念孝思及褒揚先德方面說，倘杜君事前問計於我，我卻要勸他另採辦法，根據中山先生「由宗族主義擴充到國族主義」的遺訓，將此事所費，拿來辦一件最有益於民眾的事業，例如拯救災黎，或創設較大規模的貧民醫院，或義務學校，或貧民教養院，受惠的民眾愈多，紀念先德的寓意愈遠，則社會觀感所及，必大異。

電子書購買　爽讀 APP

國家圖書館出版品預行編目資料

小言論（第一集）：被「歌頌」千年的傳統遺毒，從根本上挖掘中國的爛瘡 / 鄒韜奮 著 . -- 第一版 . -- 臺北市 : 崧燁文化事業有限公司 , 2023.09

面； 公分

POD 版

ISBN 978-626-357-547-9(平裝)

1.CST: 時事評論 2.CST: 言論集 3.CST: 中國

078　　112012012

小言論（第一集）：被「歌頌」千年的傳統遺毒，從根本上挖掘中國的爛瘡

臉書

作　　者：鄒韜奮

發 行 人：黃振庭

出 版 者：崧燁文化事業有限公司

發 行 者：崧燁文化事業有限公司

E-mail：sonbookservice@gmail.com

粉 絲 頁：https://www.facebook.com/sonbookss/

網　　址：https://sonbook.net/

地　　址：台北市中正區重慶南路一段六十一號八樓 815 室

Rm. 815, 8F., No.61, Sec. 1, Chongqing S. Rd., Zhongzheng Dist., Taipei City 100, Taiwan

電　　話：(02) 2370-3310　　**傳　　真**：(02) 2388-1990

印　　刷：京峯數位服務有限公司

律師顧問：廣華律師事務所 張珮琦律師

定　　價： 375 元

發行日期： 2023 年 09 月第一版

◎本書以 POD 印製